T0162903

THOMAS BRUNNSCHWEILER

Der letzte Traum

Thomas Brunnschweiler
Der letzte Traum
Erzählungen

PVER
VALA
ERNG
LAGO

Pano Verlag Zürich

Ein Kulturengagement des Lotteriefonds des Kantons Solothurn

Umschlaggestaltung: www.gapa.ch gataric, ackermann und partner, zürich
Satz und Layout: Mario Moths, Marl
Druck: ROSCH-BUCH GmbH, Scheßlitz

Die Deutsche Bibliothek – Bibliografische Einheitsaufnahme
Die Deutsche Bibliothek verzeichnet diese Publikation in der Deutschen
Nationalbibliografie; detaillierte bibliografische Daten sind im Internet
unter http://dnb.ddb.de abrufbar.

ISBN-10: 3-907576-80-2
ISBN-13: 978-3-907576-80-9
© 2006 Pano Verlag Zürich
www.pano.ch

INHALT

INNEN AUSSEN

Es schlägt sechs. Ich liege im Bett und höre von weitem das Morgengeläut des Klosters. Habe ich es vorher je gehört, gar bei geschlossenem Fenster, hier im Industriequartier? Im Augenblick, da ich mir die Frage stelle, sehe ich vor mir Aufbau und Inhalt eines noch nicht geschriebenen Aufsatzes: «Was mir fehlt». Es wird ein Bericht darüber, was mir abgeht, seit ich die christliche Lebensgemeinschaft verlassen habe, die im Kloster eine Bleibe gefunden hat; eine Aufzeichnung darüber, was ich vermisse, nachdem ich die Gemeinschaft verlassen habe, die mir mehr als zwei Jahre Gastrecht und achtsame Geschwisterlichkeit gewährt hat. Ich werde darüber schreiben, wie ich morgens immer noch schlaftrunken durch den ungeheizten, knarrenden Gang schlurfte, hinunterstieg, im dunkeln Kreuzgang nach rechts weiterging, eintrat in den inneren Chor und dann in den Kirchenraum, in dem das Morgenlob stattfand, zu einfachen Melodien intonierte Psalmen erklangen, kurze persönliche Gebete gesprochen wurden – eine einfache und innige Andacht.

Dies und noch viel mehr weiss ich auf einen Schlag, jetzt, da ich von weitem das Glöcklein vom Dachreiter des Klosters höre, und ich bin über die Klarheit dieser Erweiterung meines Bewusstseins nicht einmal sonderlich erstaunt. Noch ist es dunkel. Ich greife zum Schalter der Nachttischlampe. Es klickt, aber das Licht geht nicht an. Ich stehe auf, taste mich zum Schalter neben der Tür. Es bleibt dunkel. Auch im Gang bleibt es finster. Nur im Arbeitszimmer funktioniert der Schalter. Im gleichen Moment, da ich dies erkenne, geht das Licht in der ganzen Wohnung an.

Ich gehe in die Küche und lasse heisses Wasser in die Badewanne einlaufen. Doch meine Wohnungspartner, die ich nicht kenne, aber deren Existenz mir doch selbstverständlich erscheint, protestieren, weil sie nämlich selber die Küchenwanne benötigen. So gehe ich in mein Zimmer und lasse dort das Wasser laufen. Hier steht merkwürdigerweise auch eine Wanne.

Plötzlich schwebt mein Geist draussen und betrachtet das, was ich als Mehrfamilienwohnturm in Erinnerung habe, aus der Vogelperspektive. Er ist unterdessen zu einer Art Baracke geworden, die den Eingang zu einem Erdloch deckt. Ich frage mich, wie die zweieinhalb Zimmer, die ich bewohne, in diesem Holzverschlag Platz finden können. In meinem Schlafzimmer hat sich die Wanne in eine hölzerne Vertiefung im Boden verwandelt, zu der einige Stufen hinunterführen. Meine Wohnungspartner – ich taufe sie aus Verlegenheit und der Einfachheit halber Lena und Lorenz – befinden sich derweil auch in dem mit feuchten Holzplanken ausgelegten Zimmer, das sich ständig verändert und bereits mehr als zwölf Ecken hat. Lorenz verlässt den Raum, Lena zieht sich aus. Nach einigen Sekunden der Verblüffung ziehe auch ich mich aus, da es in unserer Wohngemeinschaft keine falsche Scham zu geben scheint. Der hölzerne Raum sieht jetzt aus wie eine mittelalterliche Badestube. So beginnen wir uns, Lena und ich, gegenseitig abzuschrubben, altmodisch mit Seife und Waschlappen. Ich fühle mich einerseits gelöst und versuche mich andererseits krampfhaft daran zu erinnern, wo ich die Frau schon einmal gesehen habe.

Unterdessen betreten über den Balkon, der eben erst noch vor dem Arbeitszimmer lag, weitere Leute die Badestube. Ich erkenne den etwas finster dreinblickenden Messner mit dem Schnurrbart. Als ich den Stecker des Föhns, den gar niemand braucht, herausziehen will, sehe ich mit kaltem Entsetzen, dass das Kabel im Wasser liegt. Der Messner hat keine Angst und zieht den Stecker, der sich nun ebenfalls unter Wasser befindet, wie selbstverständlich aus der Dose. Wieder sehe ich unser fragwürdiges Gelass von aussen. Ist dieses nicht noch kleiner geworden? Ich frage mich, weshalb das Innen und das Aussen so stark voneinander abweichen. Sind unsere Innenräume vielleicht immer grösser, als es von aussen scheint, frage ich mich jetzt, da ich dies schreibe.

Lena ist verschwunden, Lorenz wieder da. Ich erkläre ihm, was ich schreiben will: einen Aufsatz mit dem Titel «Was mir fehlt». Ich beginne zu erzählen, aber Lorenz, der mich jetzt an einen ehemaligen Wohnungspartner aus der klösterlichen Gemeinschaft erinnert, winkt ärgerlich ab und meint, so früh am Morgen wolle er nichts von meinen Spintisiererereien hören. Und dann liege ich wieder im Bett, fühle mich hellwach. Durch die Fenster dringen die Schläge der Kirchenglocken zu mir, drei Schläge, ganz klar. So früh läutet das Klosterglöckchen nicht, das man in meiner Wohnung sowieso nicht hören kann. Jetzt lässt sich das Licht problemlos anknipsen. Die Zeiger meiner Armbanduhr zeigen genau drei Uhr. Es ist mir, als hätte ich viel länger geschlafen, so erholt fühle ich mich. Der Wunsch, einen Text zu schreiben über das, was mir seit dem Auszug aus dem Kloster fehlt, ist fast verflogen; im Vordergrund steht jetzt meine Begegnung mit Lena, Lorenz und dem Messner.

Jetzt, da ich alles – vielleicht nur scheinbar – von innen nach aussen befördert habe, stellen sich wieder nur Fragen: Was ist innen, was ist aussen? Was fehlt mir wirklich? Ist es die Gemeinschaft, die ich nach wie vor vermisse, oder ist es die Fähigkeit, die Tür hinter mir schliessen zu können, die Tür zu dem Raum, in dem ich auch Herr über das Badezimmer bin? Und ist dieser Raum mein Ich? Oder ist das Ich die Tür zwischen dem Innen, das einmal draussen, und dem Aussen, das einmal drinnen ist? Fragen über Fragen. Was bleibt mir anderes übrig, als mich jeden Abend ins Bett zu legen, einzuschlafen und vergeblich auf das Morgenläuten des Klosters zu warten.

EIN HANDY IM GROSSMÜNSTER

Balthasar Himmelrieder galt in Zürich als Autorität auf dem Gebiet der praktischen Theologie, vor allem was die Verkündigung des Gottesworts anbelangte. Er war ein würdiger Nachfolger Zwinglis und bewohnte in dessen ehemaligem Haus an der Kirchgasse zwei wohlausstaffierte Etagen, deren Einrichtung das Herz jedes Kunstliebhabers höher schlagen liess. Der Pfarrer war auch literarisch an die Öffentlichkeit getreten; seine in dezentes blaues Leinen gebundenen Predigten erfreuten sich eines regen Absatzes und sein Werk über die berühmten Giacometti-Fenster galt unter Kennern als höchst lesenswert. Der Lebenskünstler war übrigens nicht allein auf sein Einkommen als Münsterpfarrer angewiesen; er verfügte über ein nicht unbeträchtliches ererbtes Vermögen. Er hatte eine gut aussehende, fast zwanzig Jahre jüngere Frau, deren Glanz auch auf Himmelrieder fiel, obgleich er sich darüber wenig Rechenschaft ablegte.

Die Kultiviertheit Himmelrieders war in der Gemeinde über die Jahre hinweg sprichwörtlich geworden. Einen in Kunst und Kultur bewanderten Bonvivant nannte man in Theologenkreisen *einen Himmelrieder*. Denn dem kulturellen Ruf des Pfarrherrn entsprach seine kultivierte Unterkellerung, die aus einem riesigen, tief unter seinem Haus gelegenen Gewölbe bestand, in das man über ein verwinkeltes System von Treppen hinuntersteigen musste. Hier lagerte das Beste vom Besten: Château Petrus, Château Lafite-Rothschild, die seltenen Châ-

11

teaux Milvain-Pointou und Cravelier-Plage sowie Château Yquem und weitere noble Tropfen – selbstverständlich alle Domänen in den exquisitesten Jahrgängen.

Man duldete, nein, man respektierte die leicht ausschweifenden Liebhabereien des Pfarrers, der die sechzig bereits überschritten hatte. Nur einige Damen der Gemeinde taten sich schwer mit ihm und hielten sich lieber an Pfarrer Beiser, der eher dem Bild des werktätigen und sozialen Gemeindedieners entsprach. Aber auch jene Damen mussten anerkennen, dass ihnen Himmelrieders Predigten oft unter die Haut gingen.

Die grosse Beliebtheit Himmelrieders führte dazu, dass alle Sitzplätze des Grossmünsters jeden Sonntag, an dem der etwas beleibte und bärtige Verbi Divini Minister auf die Kanzel stieg, besetzt waren. Die Predigten wurden umrahmt von Barockmusik oder zuweilen auch von den munteren Klängen der peruanischen Formation Los Muchachos. Himmelrieder gab sich gerne volkstümlich und modern. Allerdings litt er unter einer schwerwiegenden Schwäche: Er erkannte nämlich auf der Strasse nur Menschen wieder, die mindestens einen Professorentitel trugen. Schon bei einfachen Doktoren verliess ihn sein Gedächtnis. Peinlich war es natürlich, dass er die Gemeindeglieder jede Woche neu nach ihren Namen fragen musste. Aber auch diese zerebrale Unpässlichkeit – man sprach sogar von einem moralischen Defekt – wurde ihm von den meisten seiner Schäfchen nicht wirklich übel genommen.

Himmelrieder war Ökumeniker und radikaler Verfechter der lutherischen Rechtfertigungslehre, wobei er sich auch bei Zwingli gut auskannte, was für reformierte Pfarrer durchaus nicht selbstverständlich ist. Fixe evangelikale Ideen und fundamentalistische Engführungen gingen ihm auf die Nerven, aber noch mehr ärgerten ihn Christen, die seine Worte moralisierend an seinem Lebenswandel massen. «Pecca fortiter! –

Sündige wacker!», hatte Luther geschrieben, und so war auch Himmelrieder überzeugt, dass sich die Sünde nicht nur nicht meiden liess, sondern eine vitale kreative Funktion hatte. Nun soll hier aber nicht die gesamte Theologie von Balthasar Huldrych Himmelrieder ausgebreitet werden. Vielmehr soll an jenen denkwürdigen Sonntagmorgen erinnert werden, an dem des lebenslustigen Pfarrers Welt- und Gottesbild durcheinander gerieten.

Ein blendend blauer Lackhimmel leuchtete über der Limmatstadt, als die Gläubigen aus der ganzen Stadt ins Grossmünster strömten. Nie war die streng und puritanisch anmutende Kirche mit ihren wuchtigen Pfeilern und der charakteristischen Treppe zum Chor so voll wie bei den rhetorischen Höhenflügen Himmelrieders. Die Orgel setzte wuchtig ein mit der Toccata und Fuge in d-Moll von Bach. Es folgten die Begrüssung, das Eingangsgebet, ein Lied der Gemeinde und die Lesung durch eine junge Lektorin, die sich eines ausgesuchten und geschliffenen Hochdeutschs bediente. Dann bestieg Himmelrieder gemessenen Schrittes die hölzerne Kanzel. Er sprach über die berühmte Stelle im Ersten Brief an die Korinther, an der Paulus sagt: «Wenn ich mit Menschen- und mit Engelszungen rede, aber keine Liebe habe, so bin ich tönendes Erz, eine lärmende Zimbel.» Der Pfarrer holte weit aus. Zuerst verbreitete er sich über den Liebesbegriff des Philosophen Empedokles und erklomm dann mit Eloquenz die himmlische Leiter zur Bedeutung der Agape, der Liebe, bei Paulus. Die Sätze funkelten, kreisten geschmeidig und in angemessener Kürze um das aktuelle Thema, um sich jäh noch höher aufzuschwingen zu mystischer Betrachtung. Als der vom Geist ergriffene Pfarrer schliesslich zur Stelle kam, an der Paulus das Wesen der Liebe bestimmt, mit der er zweifelsohne auf Christus hinweist, geschah etwas Unfassbares, etwas in der gesamten Geschichte des ehrwürdigen Gotteshauses noch nie Dagewesenes. Mitten in die Stille einer rhetorischen Atempause tschilpte aufreizend ein Handy. Alle Köpfe drehten sich augenblicklich hin zur Quelle dieses profanen Geräuschs. Ein jüngerer Mann mit Brille und gelbem Sakko, der mitten im Kirchenschiff, neben dem Mittelgang sass, griff geistesgegenwärtig und nonchalant zu seinem winzigen Apparat und hielt ihn an sein rechtes Ohr.

Diese Yuppies, dachte Himmelrieder, der den am Handy lauschenden Mann ins Auge fasste, nicht einmal während des Gottesdienstes war man vor ihrem Kommunikationsbedürfnis sicher. Er fuhr in seiner Predigt fort, gedämpfter als zuvor und irritiert von dem immer noch stumm telefonierenden Predigtbesucher, aber doch ungebrochen in seinem Sendungsbewusstsein. Nach einer Minute – die Menschen hatten sich wieder auf die Predigt zu konzentrieren begonnen – erhob sich das Gelbjackett von der harten Bank und trat in den Mittelgang.

«Herr Pfarrer», sagte der gut aussehende Mann mit fester, lauter Stimme, «ich habe Ihnen eine Mitteilung weiterzugeben. Mein Chef findet Ihre Ausführungen stupend, kein Zweifel, aber er hat da eine kleine Beschwerde vorzubringen.»
Im Kirchenschiff erstarb jedes Geräusch, sodass nun selbst das Rauschen des Verkehrs am Limmatquai zu hören war.

«Ich bitte Sie in aller Form, meine Predigt nicht zu unterbrechen, wir sind hier keineswegs bei der Pfingstmission! Eine Predigt dauert bei uns eben zwanzig bis dreissig Minuten.»

«Sorry!», gab der junge Mann zur Antwort. «Aber der Meister ist da anderer Meinung. Seine längste Predigt, die auf dem Berg, hat nur wenige Minuten gedauert, im Allgemeinen verstand er sich mehr aufs Streitgespräch.»

Von hinten kam der Küster auf die Bankreihe zu, neben der der aufsässige Predigthörer stand. Himmelrieder winkte den grimmig dreinblickenden Kirchendiener ab.

«Hören Sie», fuhr das Gelbjackett fort, «nichts gegen den Inhalt Ihrer Worte, aber Ihre Taten, Balthasar Huldrych Himmelrieder, entsprechen ihnen überhaupt nicht.»

Ein Raunen ging durch die Reihen. Himmelrieder hatte es geahnt: ein Moralist, einer dieser verdammten Evangelikalen, der eine ganz perfide Methode ausgeheckt hatte, um ihn aus dem Tritt zu bringen.

«Gestern Abend etwa, als der Clochard an Ihre Tür klopfte – weshalb haben Sie ihn da abgewimmelt? Weshalb waren Ihnen Ihre Davidoff und der Château Margaux wichtiger?»

Einige Gottesdienstbesucher versuchten den Störenfried niederzuzischen. Dieser bigotte Schwarmgeist, dachte Himmelrieder. Woher wusste er von dem gestrigen Abend? Da hatte doch offensichtlich dieser verlauste Bettler gepetzt, um ihn blosszustellen. Der gelbe Handyaner hatte ihn bestimmt mit ein paar Flaschen Wein bestochen, dachte der verunsicherte Pfarrer; aber die Davidoff und der Margaux, woher konnte er das wissen?

Himmelrieder fing sich wieder. «Mein verehrter Freund», sagte er, «was wollen Sie einem Bacchusjünger in betrunkenem Zustand schon an subtiler Seelsorge zukommen lassen? Jesus hätte einen solchen Mann wohl auch mit dem Rat fortgeschickt, sich erst einmal tüchtig auszuschlafen. Und nun halten Sie gefälligst Ihren Mund und lassen mich weiterpredigen.»

Das Gelbjackett setzte sich mit beschwichtigend erhobenen Händen. Himmelrieder fuhr fort, nun doch wesentlich unsicherer. Warum war er überhaupt auf diesen Schnösel eingegangen? Das war vollkommen unter seiner Würde. Die Stimme des Predigers klang jetzt brüchig, seine Worte hatten an Schwung eingebüsst, tönten akademisch und dürr. Nein, das darf einfach nicht sein, dachte Himmelrieder, als nach zehn Minuten erneut das grelle Tschilpen ertönte. Wieder klappte der junge Mann gelassen sein Handy auf und stand nach kurzer Zeit erneut auf.

«Der Meister meint, Sie sollten aufgeben. Er erinnert Sie an die unschöne Geschichte mit Ihrer Frau vor zwei Tagen, bei dem Empfang. Konnten Sie nicht etwas diplomatischer sein, etwas liebevoller, als Ihre Gattin Sie wieder einmal – durchaus sachlich, wohlgemerkt – auf die Tatsache aufmerksam machte, dass Sie sie wie Luft behandeln, wann immer Sie mit ihr in Gesellschaft sind?»

Himmelrieders Knie begannen zu zittern. Woher wusste dieser Flegel ... woher konnte er es wissen, wenn nicht von seiner Frau?

«Da ist noch etwas», sagte der Mann im gelben Sakko und versetzte dem armen Pfarrer endlich den letzten Stoss, «warum haben Sie gestern Abend mit dem Gedanken gespielt, die Theologie sei eigentlich sinnlos und nur eine Eiterbeule am ästhetischen Leib der aufgeklärten Kultur?»

Eine Dame im vorderen Teil der Kirche stiess einen kurzen Schrei des Entsetzens aus. Der Kanzelredner wurde bleich und verlor beinahe das Bewusstsein. Dieses intimste Geheimnis seines Tagebuchs konnte dieser Mensch einfach nicht kennen. Himmelrieder setzte sich auf das Kanzelstühlchen. Es schwindelte ihm, seine Hände zitterten und das Gemurmel aus dem Kirchenschiff schien auf einmal ganz weit weg. Er stand mit letzter Kraft auf und beendigte seine Predigt in drei Sätzen. Die Orgel setzte ein, aber Himmelrieder hörte nichts mehr. Er absolvierte Unservater und Schlusslied wie in Trance. Unter dem aufgeregten Getuschel seiner Gemeinde schlurfte er die breite Treppe zum Chor hinauf und verschwand in der Sakristei.

Noch am selben Abend entschied sich Himmelrieder, zu demissionieren und sich ins Kloster Disentis zurückzuziehen, wo er unter den Patres Freunde besass. Er wusste, dass seine

Entscheidung die Kirchenleitung erschüttern und in der protestantischen Welt für enorme Aufregung sorgen würde. Aber er sah keinen anderen Ausweg.

Am nächsten Morgen durchschritt seine Frau auf dem Flughafen Kloten den Zoll, begleitet von einem jüngeren Mann in auffällig gelbem Sakko.

DER VERSCHWUNDENE FREUND

Seit Tagen war mein Freund Gaudenz vermisst gemeldet. Im Dorf war sein Verschwinden bereits Tagesgespräch. Als ich seine Frau besuchte, empfing sie mich mit zusammengekniffenem Mund und roten Augen.

«Komm rein», sagte Sandra mit einer Mischung von Hilflosigkeit und Gereiztheit, «und zieh bitte die Schuhe aus, ich habe heute Morgen sauber gemacht.»

Ich fragte sie nach dem Stand der Ermittlungen. Nein, sagte sie, auch die Polizei habe keinerlei Hinweise auf den Verbleib von Gaudenz erhalten, er sei einfach weg, wie vom Erdboden verschluckt. Und sie begann zu weinen. Aber es müsse doch irgendwelche Hinweise geben, Spuren, Zeichen, Indizien, irgendetwas, gab ich zu verstehen, wohl wissend, dass die Polizei solche Indizien schon längst gefunden hätte, würde es sie geben.

Sandra schenkte mir vorsichtig ein Glas Wein ein und schob mir eine Silberschale mit Salzmandeln hin.

«Wann hast du ihn denn das letzte Mal gesehen?», fragte ich Sandra.

«Am Montagabend, er hatte sich hier ins Arbeitszimmer zurückgezogen, um noch zu schreiben. Ich war todmüde und ging früh zu Bett. Hab eine Schlaftablette genommen. Hier, Franz, bitte stell das Glas auf den Untersatz. Am andern Morgen war er weg.»

Wieder einmal wurde mir bewusst, wie verschieden die beiden waren. Gaudenz war das pure Gegenteil von Sandra, etwas schlampig, schusselig und grosszügig, auch was Schmutz und Staub betraf. Sein Wahlspruch lautete: «So sauber, dass du nicht krank, und so schmutzig, dass du nicht depressiv wirst.»

Im Laufe unseres Gesprächs, bei dem Sandra tapfer dem Wein zusprach und zunehmend gelöster wurde, erfuhr ich, dass Gaudenz am Abend vor seinem Verschwinden in sein Geschichtenbuch geschrieben habe.

«Ich habe nicht die Kraft gefunden», sagte Sandra, «seine letzte Geschichte zu lesen, und deshalb den Band gleich in der Schublade versorgt.»

Ich blickte Sandra entgeistert an.

«Hast du denn das Buch der Polizei gezeigt? Die letzten Zeilen eines Menschen … entschuldige, ich meine das in diesem Falle natürlich nicht im absoluten Sinne … also, solche Zeilen sind doch sicher aufschlussreich, was den inneren Zustand des Schreibenden betrifft.»

«Ach was! Das war doch nur wieder eine seiner verrückten Geschichten, für die er schon seit zehn Jahren einen Verleger sucht. Hier, eine Papierserviette, die Chintzpolster sind wahnsinnig heikel. Wirf doch einen Blick in das Buch, wenn es dich interessiert.»

Während ich pflichtbewusst meine Hände waschen ging, hatte Sandra das Geschichtenbuch von Gaudenz auf das Tischchen gelegt, das nach einem scharfen Putzmittel roch. Ich nahm das Buch mit aller erdenklichen Akkuratesse zur Hand und blätterte bis zur letzten beschriebenen Seite. Der Text brach mitten im Satz ab. Ich betrachtete die Seite genauer und entdeckte auf der gegenüberliegenden Seite drei kleine dunkelbraune Flecken. Blut!, schoss es mir durch den Kopf und ich reichte Sandra das geöffnete Buch.

«Hast du diese vertrockneten Blutspritzer schon gesehen? Das wird die Polizei doch sicher interessieren.»

«Wo denkst du hin! Das ist wieder mal typisch Gaudenz mit seinem Nasenbluten. Nie hat er ein Papiertaschentuch zur Hand, immer muss er alles vertropfen, verkleckert mir alle Tischtücher und Bettdecken. Man muss sich schämen mit diesen Flecken. Meinst du, ich will mich mit dem Buch vor der Polizei blamieren?»

In diesem Moment klingelte das Telefon. Sandra ging in das angrenzende Esszimmer. Es schien eine Freundin am Draht zu sein. Ein längeres Gespräch also, dachte ich. Das gab mir die nötige Zeit, die letzte Geschichte von Gaudenz zu lesen:

Angst im Birseck

Wenn der Widerschein der untergehenden Sonne das Goetheanum und die Ruine Dorneck trifft, wenn die rosa Wolken über dem Blauen erblühen wie über einem ausbrechenden Vulkan, wenn der graue eisige Zahn der Ruine Pfeffingen steil in den düsteren Abendhimmel ragt – dann ist Flugzeit für die Geschöpfe der Nacht, die schaurigen Lemuren der Düsternis, die Fledermäuse. Auch wenn uns die Zoologen von der Harmlosigkeit dieser Tiere schon lange gern überzeugt hätten, das Schicksal bedient sich ihrer immer wieder dann, wenn die Zeit gekommen ist, das Böse auszutreiben. Und diesmal hatte das Schicksal vor, die Stumpfheit und den Eigennutz jener Menschen zu strafen, die in der ausufernden Agglomeration südlich der grossen Stadt wohnten.

Als Irma Vogt nach einer sturmgepeitschten Nacht erwachte, lag ihr Mann noch neben ihr im Bett. Es war schon nach sieben, und sie rüttelte ihn wach. «Du kommst zu spät zur Arbeit», sagte sie, «schliesslich ist heute ein wichtiger Tag für dich, also aufgestanden!» Vogt öffnete nur mühsam die Augen, er drehte sich nochmals zur Seite. Er fühlte sich wie ge-

rädert und erinnerte sich nun schwach an die Eindrücke der Nacht. «Ich hatte einen seltsamen Traum», ächzte er, «ich befand mich auf der Ruine Dorneck, und überall war ein unheimliches Geflatter. Eine Stimme sagte: ‹Du hast genug betrogen. Nun wird das Böse mit dem Bösen ausgetilgt!›»

«Was für ein Unsinn», meinte seine Frau, «Träume sind Schäume, vielleicht liegt es am Sturm, es war auch wirklich eine unruhige Nacht.» Vogt stand auf und torkelte unter die Dusche. Das helle Licht des Badezimmers störte ihn, ja machte es ihm unmöglich, sich gründlich zu rasieren. So bemerkte er auch nicht die beiden roten Punkte an seinem Hals. Als er mit dem Auto aus der Garage fuhr, blendete ihn das Morgenlicht, sodass er unwillkürlich zum Handschuhfach griff und sich die Sonnenbrille aufsetzte. Ihn fröstelte und er spürte ein leichtes Ziehen im Hals. Es ist wohl die Aufregung, dachte er, heute fanden die entscheidenden Übernahmeverhandlungen mit Gemelli statt. Natürlich wusste er, dass er sich mit seinen rüden Verhandlungsmethoden am Rande der Legalität befand, aber schliesslich es ging um seine Beförderung. Er stand jetzt in der allmorgendlichen Fahrzeugkolonne, noch etwa hundert Meter von der Abzweigung zur Autobahn Richtung Basel entfernt. Noch immer war er müde und je näher er der Ampel entgegenkroch, umso bleierner sank die Müdigkeit in ihn hinein. Ohne es eigentlich zu wollen, schwenkte er bei der Abzweigung nach rechts und fuhr Richtung Dornach.

Als ihr Mann abends um acht noch immer nicht zu Hause war, begann sich Irma Vogt Sorgen zu machen. Sie rief den Chef ihres Mannes an und erfuhr mit Erstaunen, dass ihr Mann gar nicht im Geschäft erschienen war. Es war wirklich ungewöhnlich, normalerweise war ihr Mann zuverlässig und nun hatte er die wichtigen Verhandlungen verpasst. Wenigstens hätte er telefonieren können, dachte sie. Als am nächsten Mittag noch immer keine Nachricht von ihm eingetroffen war,

*rief Irma Vogt die Polizei an, die sogleich die Fahndung ein-
leitete.*

*Während der nächsten Wochen verschwanden in der Re-
gion weitere Geschäftsleute und Spitzenmanager, alles ehren-
werte Vertreter des Mittelstandes. Die Polizei tappte im
Dunkeln. Der einzige, offensichtlich brisante Hinweis ergab
sich aus der Tatsache, dass einige der Vermissten ihr Auto im
Raum Dornach stehen gelassen hatten. Es gab in keinem Fall
einen direkten Hinweis auf ein Gewaltverbrechen, auch hatte keiner der Verschwundenen unter Depressionen gelitten.
Merkwürdig war hingegen, dass in allen Fällen die Vermissten am Tag des Verschwindens dringend für einen wichtigen
Geschäftsabschluss gebraucht worden wären.*

*Langsam erfasste die Region Angst und Schrecken. Täg-
lich erfuhr man von neuen Vermissten, und rasch bemächtigte sich die Boulevardpresse des Themas. Beunruhigend war
die Tatsache, dass in einzelnen Fällen auch die Ehefrauen von
Vermissten verschwanden. Aber auch alleinstehende jüngere
Frauen waren betroffen. Die Ermittlungsbehörden – unterdessen war ein Sonderstab gegründet worden – hatten nach
wie vor keine klärenden Hinweise zum Verschwinden so vie-
ler Menschen erhalten und erbosten damit die Bevölkerung,
die sich im «Bermudabirseck» – wie ein Boulevardblatt titel-
te – nicht mehr sicher fühlte. Bereits begannen Einzelne weg-
zuziehen. Die einzige, für die Aufklärung des Falles aber
unergiebige Gemeinsamkeit beim Verschwinden der Menschen war die Tatsache, dass ihre Angehörigen immer wieder
berichteten, die Vermissten seien am letzten Morgen besonders
müde und lichtempfindlich gewesen.*

*Irma Vogt blieb verschont, dafür verschwand im nahen
Reinach eine junge Verkäuferin jener Drogerie, die Samuel
Vogt in der Zeit vor seinem Verschwinden frequentiert hatte.
In diesen Tagen machte eine Realschulklasse aus Aesch ihren*

jährlichen Sommerausflug auf die nahe Ruine Dorneck. Man briet Bratwürste, tollte auf der Burgwiese herum und unternahm im Anschluss daran einen Spaziergang um das Schlossareal herum. Der Pfad hinter der Ruine faszinierte die Schüler besonders. Sie passierten einen höhlenartigen Durchgang. Besonders eine Holztür hatte es den Schülern angetan. Einige rüttelten daran, aber die Tür blieb fest verschlossen. Der Lehrer mahnte zum Weitergehen, aber Sven, einer der vorwitzigsten Schüler, blieb noch eine Weile bei der Tür stehen und horchte. Er glaubte plötzlich ein leises Schnarchen zu vernehmen und rannte der Gruppe nach, um dem Lehrer seine Entdeckung mitzuteilen. Dieser lachte bloss, und im Gelächter seiner Mitschüler ging Svens Beobachtung unter. Am Abend des Ausflugstags hatten alle, bis auf Sven, den Zwischenfall vergessen.

Doch niemand in der Gegend konnte sich dem Schrecken entziehen. Schon waren mehr als zwanzig Menschen spurlos verschwunden. Einer der wenigen, die in diesen Tagen Grund zur Freude hatten, war ein Schreiner im nahen Arlesheim, dessen Geschäft überraschenderweise seit kurzem florierte. Eine Dame mit dem fremd klingenden Namen Caludra Graf bestellte nämlich laufend Särge in der nobelsten Ausführung. Der Schreiner hatte die Dame noch nie gesehen, denn die Särge wurden stets von einem gnomenhaft aussehenden, aber bärenstarken Mann abgeholt, der sie eigenhändig in seinen schwarzen Lieferwagen wuchtete. Dem Schreiner kam die Sache keineswegs merkwürdig vor, wahrscheinlich ging die Lieferung ins Ausland und Frau Graf war wohl mit seiner sauberen Schreinerarbeit besonders zufrieden. Auf jeden Fall brachte der Schreiner die Aufträge nicht mit dem schrecklichen Tagesgespräch in Verbindung.

Der Einzige, der den Vorfällen eine plausible Erklärung abgewinnen konnte, galt als Geschäftsmann selbst als poten-

zielles Opfer. Es handelte sich um Lukas Abt, Fledermaus-Liebhaber und Hobby-Vampirologe, der die wichtigste Literatur zum Thema gelesen hatte. Ihm fiel vor allem die Lichtscheuheit auf, die man bei den Menschen, die später verschwanden, bemerkt hatte. Zusammen mit der Müdigkeit im Morgengrauen liess dies auf Vampirismus schliessen. Natürlich war er sich seiner Sache nicht völlig sicher, aber er entschloss sich, allen verfügbaren Hinweisen auf vermehrten Fledermausflug nachzugehen. Schon bald wurde Abt fündig. Ein Freund, ein notorischer Frühaufsteher, berichtete ihm, er habe bei Tagesanbruch einen Schwarm Fledermäuse gesehen, der zur Ruine Dorneck geflogen sei. Das könnte eine Spur sein, dachte Abt, und machte sich an einem lauen Juliabend auf den Weg dorthin.

Nach einem guten Nachtessen im nahe gelegenen Wirtshaus spazierte Abt, ausgerüstet mit Taschenlampe und Knoblauch, zur Burgruine. Oben auf der Zitadelle spielten einige Jugendliche Gitarre, einzelne Pärchen kamen vorbei, um den Sonnenuntergang zu geniessen; nichts schien die lauschige Stimmung zu trüben. Abt suchte im Vorhof eine Nische und wartete. Gegen dreiundzwanzig Uhr verliessen die Jugendlichen lachend und offensichtlich besäuselt die Burg. Noch immer schien ein Hauch des Blues über dem Gemäuer zu schweben. Dann wurde es still. Abt versuchte sich möglichst bequem einzurichten. Er zog sich seine Wolljacke über und nickte bald ein. Kurz vor zwölf schreckte er aus seinem Dämmerschlaf auf. Er hörte das Schlurfen von Schritten. Abt presste sich gespannt in seine Nische. Was er dann sah, schnürte ihm die Kehle zu. Eine Prozession von schwarz gewandeten Gestalten bewegte sich lautlos zum Eingang, angeführt von einem Mann in einem schwarzen Cape. Das war der Graf, das musste er sein, dachte Abt beinahe besinnungslos. Er zählte die Gestalten und kam auf etwa dreissig, die Zahl der Men-

schen also, die im Birseck vermisst wurden. Hier lag der Schlüssel zu den geheimnisvollen Vorfällen der letzten Wochen! Die letzte Gestalt verschwand im Tor. Etwas später hörte Lukas Abt das leise Klacken der metallenen Zitadellentreppe. Sie erklommen also den höchsten Punkt der Ruine, um ihre nächtliche Séance abzuhalten. Abt änderte seinen Standort, um den Rand der Zitadelle besser beobachten zu können. Plötzlich sah er den Schatten einer Gestalt, die sich in den Abgrund stürzte. Atemlos wartete er auf den Aufprall des Körpers, Sekunden vergingen, aber nichts geschah. Ein weiterer Körper stürzte sich von der Mauer, ein dritter und vierter. Lautlos verschwanden sie zwischen Himmel und Erde, nur ein hohes Schwirren erfüllte die Luft, das unversehens verklang. Es war wieder totenstill. Lukas Abt verharrte gewiss eine Viertelstunde, bevor er zu einem vernünftigen Gedanken fähig war. Sein ganzes Leben lang hatte er auf diese Gelegenheit gewartet, nun musste er handeln. Er rannte auf die Burgwiese. Er glaubte sich daran zu erinnern, dass das Schlurfen aus der Richtung des rückwärtigen Ruinenareals gekommen war. Er suchte also den hinteren Pfad, passierte den Tunnel und kam zu der hölzernen Tür. Es war alles ruhig. Die Tür war nur angelehnt und Abt öffnete sie. Vor ihm lag eine steile Treppe, die in eine Art Verlies führte. Er griff zur Taschenlampe und leuchtete ins Dunkel. Mit Herzklopfen stieg er hinunter. Was er sah, übertraf alle seine Vorstellungen. Er fand sich in einer Gruft wieder, die mit geöffneten leeren Särgen verstellt war. Das war es also: Am Tag schliefen sie, des Nachts flogen sie aus, um neue Opfer zu suchen! Die glücklichen Ehemänner holten ihre Frauen nach, die unglücklichen ihre Geliebten. Abt wurde alles schlagartig klar. Da wurden seine Gedanken jäh durch ein Poltern im hinteren Teil der Gruft gestört. Er liess den Lichtkegel der Lampe fast reflexartig in Richtung des Rumpelns gleiten und sah, wie sich der

DER VERSCHWUNDENE

Deckel eines Sarges hob. Das Grauen packte ihn, als er in das verdutzte und geblendete Gesicht eines Vampirs leuchtete, der offensichtlich den nächtlichen Flug verschlafen hatte. Er konnte nicht ahnen, dass es Samuel Vogt, das erste Opfer des Grafen, war, das nun erbost aus seinem Sarg kletterte. Abt drehte sich schnell um, hastete die Treppe hinauf, rannte auf die Burgwiese und von da wie ein Verrückter die Strasse hinunter nach Oberdornach. Er war fest entschlossen, alles Nötige in die Wege zu leiten und nach Sonnenaufgang zur Ruine zurückzukehren, diesmal bewehrt mit Holzpfählen und Kreuzen ...

Der Autor muss dem Publikum den Schluss dieser Geschichte versagen, zu sehr lastet das schlechte Gewissen auf ihm. Natürlich hätte die Leserschaft die völlige Aufklärung der schrecklichen Ereignisse verdient, aber noch mehr verdient das Personal dieser Erzählung seine Rehabilitierung. Der Autor entschuldigt sich also bei allen Fledermäusen, bei allen Tierfreunden, allen Zoologen und schliesslich bei allen Menschen des Birseck, die entgegen den oben stehenden Ausführungen liebenswert und uneigennützig sind. Ich entschuldige mich auch besonders bei dem putzigen pelzigen Kerlchen, das seit einiger Zeit kopfüber vor meinem Fenster hängt. Es äugt zu mir herein, als wollte es mir etwas mitteilen. Ich werde selbst schon Opfer meiner Phantasie! Soeben hat es zwölf geschlagen. Das Fenster steht immer noch eine Handbreit offen. Vorsichtshalber sollte ich es doch lieber schlie

Sandra hatte mich offenbar völlig vergessen. Immer noch schwatzte sie mit ihrer Freundin. Eine seltsame Geschichte, dachte ich, eine Persiflage auf eine Vampirgeschichte. So etwas hatte Gaudenz noch nie geschrieben. War mein armer Freund wirklich das Opfer einer Fledermaus geworden? Blödsinn! Der Text war reine Inszenierung! Aber für wen hatte Gaudenz diesen Text inszeniert? Sandra las seine Geschichten ohnehin nicht. Für die Polizei war diese Räuberpistole ebenfalls kaum gedacht.

«Entschuldigung, Franz», ertönte plötzlich Sandras Stimme hinter mir, «du hast dich doch hoffentlich nicht gelangweilt?»

«Wo denkst du hin, Sandra», entgegnete ich, nun in schon aufgeräumterer Stimmung, «ich habe die Geschichte von Gaudenz kurz überflogen. Das übliche amateurhafte Geschreibsel, kaum wert, durchgelesen zu werden. Du hast recht daran getan, das Buch der Polizei nicht zu zeigen. Die hätten aus den Blutflecken glatt einen Mordfall konstruiert.»

Sandra navigierte mich an den Maiglöckchen im Vorgarten vorbei und verabschiedete sich von mir. Nochmals überlegte ich mir, für wen Gaudenz diesen Text geschrieben hatte. War er verschwunden, weil es in der Ehe nicht mehr klappte, oder war er am Ende vielleicht doch Opfer eines ... Nein! Dafür gab es ausser den drei Blutflecken keinerlei Hinweise. Ausgerechnet drei Bluttropfen, überlegte ich. War das ein Zufall? Gaudenz war ein Mensch, der Symbole liebte. Drei Bluttropfen? Kamen die nicht auch in Märchen vor, im Zusammenhang mit Liebe und Tod? Die Abschiedsbotschaft musste im Text selbst liegen, der ebenfalls von Liebe und Tod handelte. Da hiess es doch so ungefähr: «... verschwand in Reinach eine Verkäuferin der Drogerie, die Samuel Vogt in der Zeit vor seinem Verschwinden frequentiert hatte ...»

Am nächsten Tag beschloss ich, der Drogerie einen Besuch abzustatten. Ich hatte keine Ahnung, wie ich vorgehen würde. Ein älterer Mann erschien und erkundigte sich nach meinen Wünschen.

«Grüss Gott», sagte ich, «ich suche ein schonendes Shampoo für meine schuppigen Haare. Ihre Mitarbeiterin hat mir vor ein paar Wochen etwas empfohlen. Ist die junge Dame nicht mehr bei Ihnen?»

«Ach, Sie meinen Frau Abt! Nein, sie arbeitet leider nicht mehr hier, sie hat vor drei Monaten gekündigt und ist vor einer Woche nach Australien ausgewandert.»

Als ich die Tür zu meiner Wohnung geschlossen hatte, war ich ganz sicher, was mir Gaudenz mit der Geschichte mitteilen wollte: Er war mit Frau Abt nach Australien durchgebrannt. Abt, Abt? In der Erzählung hiess doch der Vampirologe Abt? Was ergab das für einen Sinn? Abt – Tab – Bat! Genau, das war es! Wenn man die Buchstaben des Namens umstellte, wurde Bat daraus, das englische Wort für Fledermaus. Das sah Gaudenz ähnlich. Er war beim Anagrammieren des Namens seiner Geliebten auf die Fledermaus gestossen und hatte deshalb seinen Abgang als Dracula-Geschichte verschlüsselt. Damit, dass Sandra die Geschichte niemals lesen, geschweige denn verstehen würde, hatte Gaudenz gerechnet. Allein mich konnte er im Auge haben, als er die raffinierte Codierung mit dem Anagramm und der verschlüsselten Botschaft mit der jungen Drogistin vorgenommen hatte.

Es dunkelte ein, und ich erinnerte mich mit Schmunzeln an die rosa Wolken, die über dem Blauen erblühen. Da klingelte das Telefon. Am anderen Ende sprach die aufgeregte Sandra.

«Franz, stell dir vor. Sie haben Gaudenz gefunden, halb verhungert, verdreckt und elend. Er ist hier im Spital. Aber ausser einigen Schürfungen am Hals fehlt ihm nichts. Du wirst nie erraten, wo man ihn gefunden hat: im Sodbrunnen des Schlosses Dorneck. Der arme Kerl ist ganz durcheinander. Ich bin so froh, dass man ihn gefunden hat. Oh, wie froh wird er sein, zu mir in ein sauberes Haus zurückkehren zu können!»

DIE BLAUEN VÖGEL

Immer, wenn du deine krakelige Schrift auf Notizpapier siehst, sagte ich, bist du ausser Stande, sie dir als dereinst Gedrucktes vorzustellen. Ja, die Schrift. Guy sass mir gegenüber, zwischen uns ein mit Büchern belegtes Teakholztischchen. Ja, sagte er und nickte, die Schrift; es scheint, als würde das Geschriebene erst durch den Druck in den Stand des Bedeutsamen befördert, zu einer Bedeutung gelangen, die auf das handschriftliche Original zurückfällt, auch wenn dieses fast unleserlich ist. Und wenn, fuhr er fort, ein solches Sudelheft das Autograph eines Grossen ist, so ist plötzlich jeder Krakel die Signatur geheimnisvollster Gedankengänge. Stell dir vor, sagte er lachend, die Sudelbücher Lichtenbergs wären ungedruckt geblieben, mehr noch, der Name Lichtenberg wäre nie als das, was er heute ist, bekannt geworden, für die Menschheit nie verknüpfbar geworden mit dem Gedanken an den genialen Aphoristiker, und stelle dir weiter vor, du hieltest eines dieser Sudelbücher plötzlich in Händen, herausgeklaubt aus einem staubbedeckten Konvolut alter Schriftstücke: Woran würdest du denken? An alte, unwichtige persönliche Notizen, entgegnete ich, wenigstens im ersten Augenblick, doch der blaue Vogel fiel mir tirilierend ins Wort.

Guy hatte in jedem seiner Zimmer den gleichen geschwungenen Käfig aufgestellt. In jedem sass ein blauer Vogel. Es waren Vögel, wie ich sie zuvor nie gesehen hatte, blau wie geschliffener Saphir. Solange er die Fenster geschlossen hielt, durften die Vögel in der ganzen Wohnung umherfliegen. Bei jedem Besuch waren mir die Vögel schillernder, glänzender vorgekommen, besonders der im Wohnzimmer. In letzter Zeit, dachte ich, als Guy seine Teetasse zum Mund führte, scheint dieses Zimmer wie in blaues Licht getaucht zu sein. Wir haben Glück, sagte ich, den Gesprächsfaden wieder aufnehmend, Glück, dass von uns beiden wenigstens etwas Gedrucktes zurückbleibt und uns überdauert. Wortlos griff Guy aus dem höchsten Bücherstapel einen mit schönem Lederrücken versehenen Band heraus und reichte ihn mir. *Tolle, lege!* – Da, lies!, sagte er und glitt müde in seinen Sessel zurück. Ich schlug das alte Buch auf, irgendwo. Die Schrift war milchig blau, ausgebleicht, ihre Konturen verwischt, ich konnte nichts lesen. In diesem Augenblick hüpfte der Vogel aufgeregt im Käfig hin und her, und sein Blau leuchtete auf, als ob er sich jäh in eine fluoreszierende Glühlampe verwandelt hätte. Beinahe geblendet vom gleissenden Erblauen, liess ich meinen Blick zurück auf das Buch gleiten. Die Schrift war verschwunden. Ich blätterte hin und zurück, nirgends mehr ein Buchstabe. Ich hielt einen Blindband in den Händen. Entgeistert blickte ich vom Buch auf. Siehst du, sagte Guy, auf den Vogel weisend, jetzt hat er ein weiteres Tausend vergessener Bücher in sich aufgenommen. Er ist ein Vogel des Vergessens. Seine blaue Farbe wird vollkommen, wenn tausend Bücher auf der Welt durch menschliches Vergessen ausgebleicht sind. Unser Vergessen bewirkt seine Schönheit, dieses Buch ist der zweihundert Jahre alte Druck eines mittelalterlichen Epos; seit Jahrzehnten hat ihn keiner gelesen, nicht einmal ich als Mediävist bin mehr dazu gekommen. Er nahm das Vogelbauer, öffnete es, darauf das Fenster, warf das Buch hinaus und liess den Vogel fliegen. Und augenblicklich verschwand der blaue Schein.

DIE CHAOTISCHE FRAU

Auf der ganzen Welt kann man sich niemanden vorstellen, der warmherziger und liebenswürdiger gewesen wäre als Parzivalia Schwinger. Die junge Erzieherin war eine einnehmende, der christlichen Lebensauffassung zugeneigte Person und arbeitete in einem Heim für Behinderte. Sie hätte auch keinerlei weiteres Aufsehen erregt, wenn im täglichen Leben nicht ein weiterer Zug ihres Wesens hervorgetreten wäre, der eigentlich weniger Charakteristikum als vielmehr Fatum war. Parzivalia Schwinger stellte nämlich nicht nur den Inbegriff des reinen Herzens dar, sondern auch – und dafür ist kein Wort zu stark – die vollkommene Verkörperung der Chaostheorie.

Was immer sie anrührte, zwang die Materie dazu, aus ihrer Ordnung zu springen und die unwahrscheinlichste Möglichkeit zu verwirklichen, die es gab und die man sich im Vornherein nie ausdenken konnte.

Schon in der Schule hatte es begonnen. Wenn die Kinder Turnunterricht hatten, geriet der Rundlauf in Aufregung und schwang Parzivalia in ungeahnte Höhen, sodass der Lehrer sie jeweils verzweifelt bat, sofort die Turnhalle zu verlassen. Auf Ausflügen vertiefte sich die Kleine am Rande des Weges immer so intensiv in die duftenden Blumen, dass die ganze Klasse das Postauto verpasste oder so gehetzt zum Zug rennen musste, dass der Lehrer vor Aufregung die Fahrkarten nicht mehr fand. Die Lehrer wussten bereits von der drohenden Kalamität und versuchten, Parzivalia mit allen Tricks und

Kniffen von Klassenreisen und Ausflügen fern zu halten. Aber auch diese Versuche endeten im Chaos, sodass Parzivalia am Ende – als kleineres Übel sozusagen – wieder mitgenommen wurde.

Als sie mit sechzehn auf der Strasse ihre erste Zigarette rauchte, schnippte sie die Kippe auf den Boden. Dort glänzte still eine Benzinlache, die sich vom brennenden Stummel explosionsartig entzündete. Die Flammen schlugen zum nahe gelegenen Holzhüttchen, das zu Schutt und Asche verbrannte. Die Polizei entdeckte – zum Glück des Besitzers – nie, dass im Hüttchen zweihundert Gramm reines Heroin gelagert gewesen waren, das natürlich ebenfalls ein Raub der Flammen wurde. Das zeigt, dass das Chaos, das Parzivalia auslöste, oft auch etwas Gutes hervorbrachte – wenn auch über den Umweg der Zerstörung.

Als sie fünfundzwanzig war, besuchte sie eine interreligiöse Gemeinschaft, die in einer alten Fabrik im Laufental eine vorläufige Bleibe gefunden hatte. Wann immer sie dort erschien, ging es drunter und drüber. Ihre Freundinnen und Freunde sprachen nur noch von der *chaotischen Frau,* mit leichtem Grauen und grosser Bewunderung zugleich, denn niemand konnte sich dem chthonischen Chaos-Charme entziehen, der von Parzivalia Schwinger ausging. Als sie einmal zu spät zum Gottesdienst in eine Dorfkirche kam, riss sie vor lauter Vorsicht und Rücksichtnahme einen Kerzenstock um, der die Andacht so empfindlich störte, dass der Organist den Takt verfehlte, den linken Fuss zwischen zwei Pedalen verklemmte und der Bass pausenlos weiterbrummte, ohne noch Anschluss an die melodieführenden Stimmen zu finden. Dann fiel der Priester aus dem Tritt, brachte seine Papiere durcheinander und las statt des Tagesgebets die Ankündigungen für den nächsten Basar. Die Gemeinde prustete los, und die Erheiterung gipfelte im völligen Verlust aller Andacht und im spontanen Absingen der Landeshymne. Einmal mehr war es Parzivalia gelungen, Lebensfreude und Patriotismus zu wecken, und alle Gottesdienstbesucherinnen und -besucher hielten die Messe für einen denkwürdigen Erfolg.

Die Schwestern und Brüder im Glauben nahmen die Sache jedoch nicht immer so gelassen. Beim Essen rannte Parzivalia stets als Letzte in den Saal, rammte dabei oft einen Tisch und liess eine volle Schüssel zu Boden krachen. Meistens handelte es sich dabei um bei Kindern ungeliebtes Gemüse, sodass diese vor Vergnügen und Begeisterung quietschten. Hatte Parzivalia irgendeine liturgische Handreichung zu erledigen, war allen klar, was folgte: heilloses Durcheinander, bares Entsetzen oder uferlose Erheiterung. Man begann sich zu fragen, wie man den Anfängen wehren könne. Doch es war ihnen nicht zu wehren.

Wenn die sogenannte Single-Gruppe, zu der die junge Erzieherin gehörte, einen Ausflug plante, schärfte sie Parzivalia ein, pünktlich zu sein. Man stellte vorsichtshalber die Uhr im Aufenthaltsraum um fünf Minuten vor; in Wirklichkeit um zehn Minuten, aber das teilte man Parzivalia nicht mit, um sie zu überlisten. Trotz aller Vorsichtsmassnahmen dröhnte aus ihrem Zimmer noch immer lauter tibetanischer Gesang, wenn der Zug bereits im nahen Bahnhof einfuhr. Was aber das Verblüffendste war: Parzivalia schaffte es fast jedes Mal, noch in den Zug einzusteigen, nicht ohne die Gefährtinnen und Gefährten in solche Aufregung versetzt zu haben, dass *diese* den Zug verpassten. Nach einigen einschlägigen Erfahrungen suchte man Parzivalia immer eine Stunde im Voraus und sperrte sie in den Aufenthaltsraum ein, um sie fünf Minuten vor Abfahrt des Zuges zu dritt dort abzuholen. Die Methode erwies sich als gänzlich kontraproduktiv. Einmal explodierte die Kaffeemaschine und liess den Ausflug buchstäblich platzen, einmal verklemmte sich der Regler der Stereoanlage bei hundertzehn Dezibel und die Single-Gruppe rettete ihre Gefährtin knapp vor dem Verlust der Trommelfelle; ein andermal liess sich das Schloss der Tür nicht mehr öffnen und die Gruppe verpasste den Zug einmal mehr.

Um feste Abfahrtszeiten zu vermeiden, verlegte sich die Gemeinschaft auf spontane Spaziergänge in der näheren Umgebung. Parzivalia schien in ihrer Chaosentfaltung ein für allemal besiegt zu sein. Aber die Gemeinschaft hatte sich zu früh gefreut. Nicht nur, dass sich die reine Seele erneut verspätete – das wäre zwar harmlos gewesen, da man sich nun ja durchaus verspäten durfte –, nicht nur, dass Parzivalia just zum Zeitpunkt des Aufbruchs ein langes Telefonat von ihrem deutschen Künstlerfreund Gunther von Fischburg bekam, nein, es kam noch schlimmer. Als sie einmal erleichtert, weil vollzählig, dem Flüsschen Birs entlangtrotteten, bekam Parzivalia einen hartnäckigen Schluckauf, musste sich eine Weile ins Gras legen und erhob sich erst nach dreissig Minuten mit neuen Kräften. Unterdessen hatte sich aber der Himmel verfinstert, und die grollende Single-Gruppe trollte sich pitschnass nach Hause.

Ein anderes Mal hatte man heil und unversehrt das Schloss Dorneck erreicht. Nach dem Erklimmen der eisernen Zitadellentreppe genossen die jungen Leute den Ausblick in die weite Landschaft, als sich ein metallenes Ächzen und Knirschen vernehmen liess und die Treppe mit einem lauten spröden Knall in den Abgrund sank. Es vergingen drei Stunden, bis die Feuerwehr die Schlossbesucher aus ihrer misslichen Situation befreit hatte. Der spirituelle Gewinn dieser unerwarteten Isolation war jedoch gewaltig.

Einen vorläufigen Höhepunkt erreichte die Chaosentfaltung bei einer Wanderung in ein nahe gelegenes Weinbaugebiet, wo man ein Selbstbedienungsrestaurant besuchte. Parzivalia übernahm aus Güte und Pflichtgefühl die Zeche. Beim Zahlen verhedderte sie sich in ihren Banknoten, fiel rücklings über ein Verlängerungskabel des Elektrogrills und legte die ganze Grillfleischversorgung lahm. Frei nach einem Lied der Comedian Harmonists sangen die andern:

Parzivalia, der Lenz ist da,
das Chaos blüht, tra-la-lalla.
Die ganze Welt ist flaschenblau,
wenn ich in deine Augen schau.
Parzivalia, das Unheil droht,
kaum steigen wir ins nächste Boot,
wir wissen's heute ganz genau:
Das Wochenende ist zur Sau.

Diese Vertextung des Liedes war natürlich politisch nicht ganz korrekt, und sie zu singen nicht gerade vornehm von den Schwestern und Brüdern, aber sie kränkte Parzivalia keineswegs, weil ihr Herz durch gar nichts zu kränken war.

Am Ende eines solchen Tages war man versöhnt mit dem Schicksal und dem Chaos, und allmählich mochte niemand mehr auf Parzivalia verzichten, die charmanteste aller chaotischen Frauen.

Ferienerlebnisse prägen sich uns immer ganz besonders ein, sie graben tiefe Furchen in die Erinnerung, erst recht Ferien mit Parzivalia Schwinger. Wilhelm Heribert konnte das bestätigen. Er gehörte zwar nicht zur Gemeinschaft, aber er fühlte sich ihr doch sehr verbunden. Eines Sommers machte Parzivalia Wilhelm den Vorschlag, mit dem Fahrrad die Welschschweiz zu durchqueren. Vom Laufental aus sollte die Reise über Mariastein bis nach La Chaux-de-Fonds führen. Sie fuhren durch die Freiberge und hatten soeben Les Breuleux hinter sich gelassen. Parzivalia fuhr voraus. Plötzlich öffnete sich Wilhelms linker Schnürsenkel, geriet unversehens in den Kettentrieb, und schon war es passiert. Samt Rucksack und Fahrrad lag er auf der Strasse. Parzivalia pedalte weiter, ohne etwas zu bemerken. Sie pfiff eine fromme Melodie vor sich her, und ihre Augen leuchteten der nächsten Herberge in Les Chaux d'Abel entgegen, wo die beiden in der Pension von Alttäufern unterzukommen gedachten, die ihnen von einem Jesuiten herzlich empfohlen worden war. Als Parzivalia in Les Chaux d'Abel abstieg, sah sie sich zu ihrer Verblüffung allein auf weiter Flur. Wo war Wilhelm geblieben? Angst stieg in ihr hoch. Sie setzte sich aufs Fahrrad und machte sich auf die Suche nach ihrem Begleiter. Nach zwei Stunden fand sie ihn mit schwarzen Fingern am Strassenrand auf dem Weg nach Les Breuleux.

«Ich hoffe, dir ist nichts passiert?», fragte sie besorgt. Wilhelms Ärger war unterdessen verflogen und er freute sich aufrichtig über das Wiedererscheinen von Parzivalia. Am nächsten Tag machten sich die beiden nach einem schönen Bauernfrühstück in Les Chaux d'Abel auf den Weg nach La Chaux-de-Fonds, wo sie das Uhrenmuseum besuchten.

«Nichts berühren!», ermahnte Wilhelm seine Kollegin. Parzivalia nickte gehorsam. Um fünf Uhr, kurz vor Museumsschluss, waren sie immer noch im ersten Schausaal. Es hatte dort ein elektronisches Reaktionsgerät, und die Erzieherin erhielt vom Buchhalter Wilhelm, der schon nervös auf die Uhr blickte, die Erlaubnis, es zu betätigen. Es schlug fünf. Während der Aufseher kam, suchte sie hinter einer grossen Atomuhr nach weiteren Attraktionen. Wilhelm versuchte sie von ihrem Unternehmen abzubringen, vergeblich. Nach zehn Minuten standen die beiden vor versperrten Türen und waren in der tickenden Wunderwelt gefangen. Die Nacht verbrachte Wilhelm auf dem Boden. Parzivalia bestaunte beim Lichte ihrer Taschenlampe die alten Pendülen und schlief nur kurz auf einem leidlich bequemen Sessel.

DIE CHAOTISCHE

Am nächsten Morgen herrschte grosse Aufregung im Museum. Die Polizei erschien, verhaftete die beiden und bezichtigte Wilhelm Heribert des Einbruchs und versuchten Diebstahls. Erst Parzivalias reines Wesen konnte die Beamten davon überzeugen, dass die beiden das Opfer einer Verspätung geworden waren – und das in einem Raum, in dem tausend Uhren tickten!

Wilhelm hatte genug. Mit dem Zug fuhren sie zurück nach Basel. Es erstaunt kaum, dass der Zug in der Schlucht vor Laufen einen Maschinenschaden hatte, der ihn aber vor einem Zusammenstoss mit einer auf den Schienen weidenden Kuhherde bewahrte. Wilhelm behielt die Erlebnisse mit der chaotischen Frau merkwürdigerweise in bester Erinnerung, obgleich er sie doch so oft verwünscht hatte. So entschloss er sich an einem kalten Winternachmittag, mit Parzivalia das Tinguely-Museum in Basel zu besuchen, wo gerade eine Gastausstellung mit dem anderen Metallchaoten, Bernard Luginbühl, stattfand. Der mächtige Bau von Mario Botta gefiel den beiden, ebenso die tuckernden, kripschenden, zuckelnden, flappsenden, klingklangenden und rotierenden Maschinen des genialen Freiburgers, der als Chaot durchaus der Vater von Parzivalia hätte gewesen sein können. Am meisten gefiel Parzivalia ein riesiges Kunstwerk von Luginbühl, das im Hauptraum zu sehen war.

Da man viele Maschinen und Apparate via Knopfdruck selbst in Gang setzen konnte, kam es Wilhelm nicht in den Sinn, Parzivalia vor der Betätigung der roten Knöpfe zu warnen. Weshalb auch, niemand konnte ja etwas falsch machen. Der Knopf hatte die eine einzige Funktion, eine Maschine in Gang zu setzen. Aber Parzivalia schaffte das Unmögliche. Und Wilhelm hätte es wissen müssen: Das Chaos von Tinguely und Luginbühl war durch Parzivalia Schwinger noch um einen Kick, um eine Potenz, einen Dreh und einen Drall mehr in

Schwung zu bringen. Parzivalia dachte an die Reaktionsmaschine im Uhrenmuseum, griff zum roten Knopf des Monstrums, das eine schwere schwappende Kugel bewegte, die auf einer elegant geschwungenen Schiene hin- und herrollte, und morste unbewusst, mit ungeheurer Fingerfertigkeit rhythmisch ihre Chaosbefehle in die Taste. Die Maschine beschleunigte ihre Funktionen, die immer dysfunktionaler wurden. Die Kugel rollte rasend schnell bis zum Anschlag, rollte hopsend zurück, feineres Gestänge klingklangte wie ein Xylophon, die Kolben löckten wider den Stachel, die Drehmomente explodierten, die Räder schnurpelten zentrifugal, schlingerndes Metall löste sich von den Eisenbalken, das ganze Ding kreischte, quärrte, schrubbelte, jauchzte, dröhnte, klöterte und nölte. Dann, in einem gigantisch zischenden und Funken sprühenden Röcheln, drehte sich der Kugelarm zur Seite, die schwere Kugel donnerte quer durch den Raum, riss andere Apparate vom Sockel, und was von der Maschine noch übrig geblieben war, barst mit einem metallisch kreischenden Ächzen auseinander.

Die Besucher hatten sich vorzeitig in Sicherheit gebracht. Die Aufseher sahen dem Untergang der Chaosmaschine mit Entsetzen zu, Wilhelm war ohnmächtig geworden. Parzivalia erlebte zum ersten Mal und staunenden Auges das Chaos pur. Die Polizei konnte kein menschliches Versagen feststellen, ebenso wenig ein absichtsvolles Tun. Dieser Vorfall hatte merkwürdigerweise keine nachteilige Wirkung. Nach einem Monat hatten die Fachleute die beschädigten Maschinen rekonstruiert, und nach der Wiedereröffnung verzeichnete das Museum einen ungeahnten Zulauf. Täglich strömten über zehntausend Menschen in Bottas Raum. Charterflüge aus Tokio, London, Buenos Aires und New York erreichten den Flughafen von Basel-Mulhouse, was zum Zusammenbruch des Flughafencomputers und des Basler Verkehrs führte. Die

DIE CHAOTISCHE

Kunstmagazine und Zeitungen titelten: «Tinguely-Museum Spitzenreiter. Parzivalia sei Dank!» Die halbe Kunstwelt pilgerte ans Rheinknie. Allein eine Person musste ab sofort nur noch von ihrer Erinnerung an die wunderlichen Apparate leben. Parzivalia Schwinger hatte zwar den Basler Kulturorden, dafür lebenslanges Eintrittsverbot für das Museum am Rhein erhalten.

FALLE

DIE LITERATURFALLE

Clarissa Zürn amtete als Pfarrerin in einer Kleinstadt des Schweizer Mittellandes. Erst im Alter von sechzig Jahren, nach einer langwierigen Scheidung, hatte sie ihr theologisches Staatsexamen gemacht. Sie bewohnte mit ihrem Hund Kronos eine Wohnung an der Mandarinengasse in der wahrhaft anmutigen Altstadt. Der Zustand ihres Hundes korrespondierte mit dem ihrer Wohnung. Ihr Haustier war verfilzt, dreckig und übelriechend, ihre Behausung verwahrlost, staubig und unaufgeräumt. Fast nirgends fand sich ein Fleckchen, das nicht mit irgendetwas belegt war, mit Predigtentwürfen, Material für den Religionsunterricht, Rechnungen oder Büchern. Das Wohn- und Arbeitszimmer war geradezu ein Treibhaus für Bücherstapel, und vor allem im Frühjahr und Herbst wuchsen diese immer um mehrere Zentimeter. Wer bei der Pfarrerin zu Besuch war – und das war ausser den Mitgliedern der Jugendgruppe praktisch niemand –, musste zuerst vorsichtig über Dutzende von Büchern steigen, um sich auf einem der vier Korbsessel niederzulassen, die man ebenfalls zuerst von der Bücherlast zu befreien hatte, bevor es aus patinierten Tassen Schwarztee zu trinken gab. Die Jungen, die hier ein- und ausgingen, störte die Unordnung und der Staub jedoch nicht; beides gehörte für sie zum gesamten Erscheinungsbild der überaus gebildeten und belesenen Frau, der die Jungen nur im privaten Kreise ruhig und andächtig zuhörten. Im Religionsunterricht dagegen herrschten Zustände wie im Alten Rom, kreisende Papierflieger erfüllten den Klassenraum, und in den hinteren Bankreihen mampften die Schüler Popcorn. Der Geräuschpegel war entsprechend hoch.

Clarissa Zürn war keine begnadete Pädagogin. Obwohl sie in anderen Situationen über eine nicht geringe Portion Resolutheit verfügte, war sie dem Treiben der Schüler hilflos ausgeliefert, lächelte entweder milde dazu oder hatte hin und wieder einen Wutanfall; beides half herzlich wenig. Im Umgang mit den Schäfchen ihrer Gemeinde jedoch war sie immer höflich und zuvorkommend. Sie konnte zwar nicht lange zuhören, denn sie begann in jedem Gespräch bald literarische Vergleiche einzuflechten, wie sie überhaupt mehr in der Literatur als im täglichen Leben einer schweizerischen Kleinstadt zu Hause war. Jeden Tag spazierte sie am späten Nachmittag im nahen Wald und hielt inwendig Zwiesprache mit Gestalten der Weltliteratur: mit Hiob, Äneas, Parzival; mit dem Vergil Dantes, Tristram Shandy, Madame Bovary; mit dem Stechlin, Adrian Leverkühn und Doderers Geyrenhoff. Literatur war für Clarissa Zürn so lebendig, dass sie nicht nur ihr Unterbewusstsein beherrschte, sondern sich im Vorbewussten fast zu Déjà-vus verdichtete, die nur darauf warteten, die Realität nach ihrem Bilde umzuformen. Am meisten kam ihr ihre Belesenheit beim Predigen zustatten. Ihre Auslegungen der Bibel waren brillant, geschmückt mit literarischen Zitaten und bei den wenigen Gebildeten in der Gemeinde äusserst beliebt; die meisten übrigen Predigtbesucher staunten zwar über Frau Zürns Rhetorik, kamen aber bei dergleichen intellektuellen Höhenflügen nicht mit und zeigten je länger, je mehr eine Scheu, mit der hochgebildeten Seelsorgerin ins Gespräch zu kommen. Und so war das soziale Schicksal von Clarissa Zürn eigentlich schon nach einigen Monaten ihres Pfarramtes in der so anmutigen Kleinstadt besiegelt. Die Leute mieden sie, wo es nur ging. Gerüchte verbreiteten sich über ihre Lebensführung und ihre chaotische Wohnung. Im Kirchenvorstand hatte sie es schwer, und eigentlich stand nur der Präsident hinter ihr, und dies auch bloss, weil er ein weichherziger Mensch war und Mitleid mit ihr hatte.

Obwohl Clarissa Zürn Humor besass, war es ihr immer weniger ums Lachen zumute. Sie zog sich allmählich zurück, versuchte, ihre pfarramtlichen Aufgaben in einem Minimum an Zeit zu erfüllen und sich dadurch Musse für Lektüre zu schaffen. Je mehr sie sich aber in die Welt der Literatur flüchtete, umso mehr entglitt ihr die Kontrolle über die täglichen Obliegenheiten.

Eines Tages reiste die Pfarrerin – wie jeden Monat einmal – mit dem Zug nach Basel, um sich in der Universitätsbibliothek Nachschub zu holen. Clarissa war in die Autobiografie Canettis vertieft, als der Zug in den Tunnel hinter Olten einfuhr. Nach einiger Zeit ärgerte sie sich über das schlechte Licht und bemerkte erst jetzt, dass der Zug sich schon im Juradurchstich befinden musste. Sie legte das Buch zur Seite und wartete auf das Ende des Tunnels. Noch nie war ihr aufgefallen, dass dieser so lang war. Nach zehn Minuten wurde es ihr unheimlich, denn das Trassee schien ihr abschüssig, was nicht dem Gefühl in ihrer Erinnerung entsprach. Der Zug rollte mit einem seltsam leisen Rattern immer tiefer in den Berg und der Ausgang der schwarzen Röhre kam und kam nicht. Frau Zürn blickte auf die Uhr und stellte erstaunt fest, dass sie schon eine halbe Stunde im Tunnel waren, aber kein Fahrgast ausser ihr beunruhigt zu sein schien. Natürlich, durchzuckte es sie, das war wie in *Der Tunnel* von Friedrich Dürrenmatt!

Kaum hatte sie diesen Namen gedacht, drangen wieder die gewohnten lauten, ratternden Zuggeräusche an ihr Ohr und der Wagen schoss ins Freie.

Verstört stieg sie in Basel aus und machte sich zu Fuss auf den Weg zur Universitätsbibliothek. Dort trank sie zuerst einen Tee und liess sich das seltsame Erlebnis nochmals durch den Kopf gehen. Hatte sie das alles bloss geträumt? Nein, sie war immer bei vollem Bewusstsein gewesen. War sie etwa im Begriff, psychotisch zu werden? Sie zündete eine Zigarette an. Der inhalierte Rauch beruhigte sie. Nun musste sie sich beeilen, bevor die Freihandabteilung schloss.

Als Clarissa Zürn das lange alte Gebäude hinter der modernen Eingangspassage betrat, merkte sie nicht gleich, dass etwas nicht stimmte. Sie war vollkommen allein, als sie den vierten Stock erreichte. Erst jetzt gewahrte sie das grünliche Licht, das von nirgendwoher zu kommen schien. Lag ein Gewitter in der Luft? Plötzliche Wetterwechsel sorgten oft für merkwürdig diffuses Licht. Sie wollte zum Fenster gehen, um nach draussen zu blicken. Aber dort, wo sonst Fenster den Blick auf die Strasse freigaben, verlor sich eine Bücherschlucht im Unendlichen. Sie drehte sich um, doch auch hinter ihr gähnte ein endloser Gang. Nach dem ersten Schrecken suchte sie nach Erklärungen. Vielleicht war das ein optischer Effekt, den ein Künstler hier eingebaut hatte. Aber auch im nächsten Bibliothekskubus gab es keine Fenster, trafen sich die Gänge in einem fernen Fluchtpunkt. Panik ergriff Clarissa, sie rannte bis Kubus fünf und sah, dass auch dieser Gang endlos weiterführte. Dort, wo er sich verlor, musste der Rhein sein, oder vielleicht schon Deutschland? Sie rannte zurück, hastete die Treppe hinunter und wandte sich zum Ausgang. Aber dort, wo sie diesen vermutete, fand sie wieder nur endlos sich hinziehende Bücherfluchten. Sie rannte eine Treppe hinunter, nahm jeweils zwei Stufen auf einmal. Nun musste sie sich bereits im Parterre befinden, aber die Treppen führten noch weiter nach unten. Und plötzlich wurde ihr klar, dass sie sich in einer unendlichen Bibliothek befand. Die unendliche Bibliothek! Wer hatte schon wieder diese faszinierende und zugleich grauenhafte Idee in die Welt gesetzt? Borges, Jorge Borges, natürlich, durchfuhr es Clarissa, in *Die Bibliothek von Babel*.

Im nächsten Augenblick fand sie sich in der Passage zum Ausgang der Freihandbibliothek wieder.

«Ist Ihnen nicht wohl?», fragte sie ein besorgt dreinblickender Bibliotheksangestellter.

«Nein, nein, es geht schon!», antwortete sie nicht gerade überzeugend und eilte ins Freie, ohne ein Buch ausgeliehen zu haben.

Als Clarissa Zürn am Abend die Wohnungstür hinter sich schloss, war sie erschöpft und verwirrt. Sie goss einen englischen Tee auf und sank in einen Korbsessel. Zweimal hintereinander hatte sich die Literatur aus dem Gefängnis ihres Unbewussten befreit und war zum Greifen nahe in ihr Leben eingebrochen. Oder war diese Erklärung zu jungianisch, zu naiv, zu zeitgeistnah? Zweimal hintereinander hatte sie, die wache Träumerin, den Alb jeweils verscheuchen können, indem sie seine Herkunft erkannte, innerlich benannte und bannte. Sie nippte am heissen Tee und versank in Gedanken. Sie war ohne Zweifel überarbeitet. Las sie zu viel? War dies alles die Vergeltung des Schicksals für ihre Bibliomanie? Wollte Gott sie auf etwas aufmerksam machen? Und wenn ja, worauf? Auf ihre Flucht aus den Aufgaben in der Gemeinde? Auf das Leiden an der noch immer unverdauten Scheidung von ihrem Mann, dem berühmten Fontane-Forscher Amos Zürn in Berlin?

Sie griff zum Telefonhörer und rief den Präsidenten des Kirchenvorstands an.

«Hallo, Heinrich», sagte sie, «ich muss nächste Woche aussetzen ... Ja, Überarbeitung, nervöse Symptome, schlimmer noch: Halluzinationen ... Ich fahre ein paar Tage nach Montreux. Ich kenne da ein ruhiges Hotel ... Danke, Heinrich, auf bald!»

Die literaturgeschädigte Pfarrerin traf am Sonntagnachmittag in Montreux ein, glücklich, für kurze Zeit dem Alltag entronnen zu sein. Der Portier gab ihr den Schlüssel, und Clarissa Zürn stieg mit Kronos zum zweiten Stock hoch. Sie öffnete die Tür ihres Zimmers, trat ein und erschrak. Sie fand sich in ihrem Arbeitszimmer an der Mandarinengasse wieder und stolperte über die Gesamtausgabe von Wittgenstein. Kronos bellte freudig, als er sein Zuhause erkannte.

«Nein», flüsterte Clarissa, «nein, das darf nicht wahr sein!» Aber halt!, das hatte sie auch schon gelesen: der Mann, der seinem Arbeitszimmer nicht entrinnen konnte, der in fernste Länder reiste und immer wieder zurückversetzt wurde in seine vier Wände. Aber wo hatte sie es gelesen? Schnell, erinnere dich, Clarissa, schnell! Aber Clarissa konnte sich nicht erinnern. Sie wusste nur noch, dass es eine Kurzgeschichte gewesen war. Oder hatte es sich doch um einen Einschub in einem Roman gehandelt? Es war ein englischer Autor gewesen, bestimmt ein Engländer, zur Not ein Amerikaner; aber Poe war es nicht, vielleicht Melville? Nein, bestimmt nicht! Sie ging verzweifelt von einem Büchergestell zum andern. Nichts. Sicher hatte sie das Buch schon in die Bibliothek zurückgebracht, aber in welche?

Clarissa Zürns Verzweiflung wuchs, obwohl sie nichts zu fürchten hatte, da sie sich ja zu Hause befand. Aber es musste ihr trotzdem wieder einfallen, sonst bliebe sie ihr Leben lang Gefangene ihrer Wohnung, würde sie nie mehr an einem anderen Ort Urlaub machen können, weil sie stets wieder zurückbefördert, zurückgezaubert – wie sollte sie es bloss nennen? – zurückgeworfen würde in ihre Büchergruft. Geworfensein ins Daheimsein könnte man das nennen, dachte sie. Das Einzige, woran sie sich erinnern konnte, war die unausweichliche Konsequenz in jener Geschichte; vergessen waren Titel und Autor.

Nach einiger Zeit beruhigte sie sich. Wollte sie denn überhaupt woandershin gehen? Hatte sie es nicht am schönsten hier in ihrem Zuhause? War ihre Bücherwelt wirklich eine Gruft und nicht vielmehr der Himmel?

Sie ahnte, dass die Literaturfalle diesmal endgültig zugeschnappt war, aber war dies so schlimm? War das Phänomen, durch jede Tür der Welt stets wieder in dieses Zimmer einzutreten, nicht ein Zeichen, dass sie, Clarissa Zürn, hierher gehörte? Doch dann dachte sie an ihr geliebtes Montreux, an die Bündner Berge, an Venedig und an die Mark Brandenburg. Nie mehr!, ging es ihr durch den Kopf. In dieser Stimmung zwischen Zufriedenheit und Wehmut ging Clarissa zu Bett.

Sie träumte, sie sei zu Besuch bei den Briests. Weisse Astern standen auf dem reich gedeckten Tisch. Ein würdig gekleideter Herr küsste ihr die Hand.

«Bist du es?», hörte sie sich leise sagen.

«Ja, ich bin's», gab der würdige Herr zur Antwort.

«Warum hast du mich verlassen?»

«Ich habe dich nie verlassen. Wir gehören doch zueinander, du und ich.»

«Ja», flüsterte Clarissa, «das tun wir.»

Drei Tage später wurde der Hausmeister in der Mandarinengasse 20 auf den winselnden Kronos aufmerksam, der beständig an der Wohnungstür kratzte. Mit einem Passepartout öffnete der Hauswart nach mehrmaligem Läuten die Tür und fand Frau Zürn tot in ihrem Bett. Neben ihr lag *Effie Briest* von Theodor Fontane. Ihre Rechte hielt eine noch frische weisse Aster umschlossen.

DER FLIEGENDE HOLLÄNDER

Warmer Aufwind im Schirm. Wie herrlich, dieses Streicheln auf warmer Haut, dieses unmerkliche Empor. Getragenwerden vom Nichts, bei dem die Gedanken abheben von der lastenden Schwere des Alltags.

Petron van der Mark kam am späten Nachmittag eines herrlichen Sonnentages im Oberwallis an. Der passionierte Gleitschirmflieger hatte sich wegen eines Unfalls auf der Autobahn verspätet, wollte aber unbedingt noch in die Luft. Vom Parkplatz in Fiesch aus sah er bereits eine Hundertschaft von bunten Schirmen über den blauen Himmel gleiten. Die Bedingungen waren ideal: stabile Wetterlage und Aufwind. Der Niederländer zog sein Gleitschirmpaket aus dem Kofferraum und rannte zur Gondelbahn, die zum Kühboden führte. Er löste einen Fahrschein und rannte weiter. Als er die Menschenmenge vor sich sah und auf seine Uhr blickte, wurde er unwillig. Mit seinen muskulösen Schultern und den Ellbogen schubste er die Wartenden beiseite und bahnte sich unter den Beschimpfungen der Wegbugsierten einen Weg zur Kabine. Sie war schon gerammelt voll. Als Van der Mark sich noch in die Kabine drücken wollte, hielt ihn die starke Hand eines einheimischen Gondelführers zurück.

«Entschuldigen Sie, aber der letzte Platz ist für diese junge Dame vorgesehen.»

Erst jetzt sah er das Mädchen im Rollstuhl, das ihn mit grossen dunklen Augen ansah. Der Gondelführer schob den

Rollstuhl rückwärts in die sich bildende Lücke und quetschte sich dann als Letzter in die Kabine, von wo er das Zeichen zur Abfahrt gab. Es blieben wenige Sekunden, in denen der hochrote Van der Mark und die Rollstuhlfahrerin sich in die Augen blickten.

«Immer diese Krüppel!», stiess der verschmähte Fahrgast halblaut auf Holländisch aus, «sie kleben in ihren Rollstühlen und nehmen den Lebenstüchtigen den Platz weg. Und fliegen werden sie auch nie können.» Das Mädchen im Rollstuhl sah ihn mit einer seltsamen Mischung aus kindlicher Unschuld und eisiger Kälte an. Die Schiebetüren hatten sich geschlossen. Eine Holländerin, die in der Reihe der Wartenden stand und Van der Marks abschätzige Bemerkung gehört hatte, tadelte den rücksichtslosen Landsmann. Doch der entschuldigte sich barsch damit, dass das Mädchen im Rollstuhl ihn sowieso nicht verstanden habe.

Mit der nächsten Kabine erreichte Petron van der Mark den Kühboden. Schnell suchte er einen Startplatz und breitete seinen Gleitschirm aus. Es ist noch nicht zu spät, dachte er. Petron hob ab. Die Thermik war noch immer hervorragend. Bereits lichtete sich der Schwarm der Schirme, als Petron von einem warmen Aufwind vom Boden weggezogen und immer höher getragen wurde. Phantastisch, welches Gefühl, über den steil abfallenden Hang zu gleiten, höher und immer höher. Er war eine Stunde in der Luft, als er plötzlich den Nordwind spürte. Er war gewarnt und zog an den Schnüren, um die Landung einzuleiten. Aber der Schirm reagierte nicht. Nichts reagierte, er konnte machen, was er wollte. Der Nordwind schob ihn immer weiter über den Kühboden hinaus übers Tal, ohne dass der Auftrieb abriss. Das ist gegen alle Theorie, fuhr es Van der Mark durch den Kopf, der Aufwind müsste mindestens in der Mitte des Hanges abreissen und eine Landung möglich machen. Aber es war, als wäre der rote Schirm mit seinem eigenen Aufwind versehen, so wie Deltasegler, die mit ihrem eigenen Motörchen ausgerüstet waren.

Ich werde drüben landen, dachte Van der Mark, vielleicht in Ernen. Aber noch immer liess ihn der Aufwind nicht an eine Landung denken. Langsam trieb er über Ernen und die Krete zum äusseren Binntal hinaus. Es war wie eine unsichtbare Hand, die ihn weiterschob, durch die Twingischlucht, wo einige Wanderer den verirrten Gleitschirmflieger erspähten, der nun schneller und schneller ins Binntal hineingetrieben wurde und schon den Hauptort Binn überflog. Er glitt nur knappe zwanzig Meter über dem Talgrund. Menschen riefen ihm zu, Kinder winkten. Schon sah er unter sich Giessen, dann Imfeld. Rechts leuchtete der weisse Dolomit der Lengenbachgrube, die er auch schon aufgesucht hatte, um nach Mineralien zu suchen. Stille breitete sich über das Tal. Es dunkelte, doch Petron van der Mark wurde weitergetrieben, von einem unsichtbaren warmen Hauch in der Luft gehalten wie eine Daunenfeder.

Irgendwo muss ich doch jetzt landen, dachte Van der Mark, ewig kann der Auftrieb ja nicht anhalten, die Alpenbarriere liegt vor mir, bald kommt der Anstieg zum Albrunpass. Aber der Holländer flog weiter und weiter, getragen von neuen Aufwinden flog er über den Alpenkamm nach Italien hinüber, wider alle thermische Theorie, wider alle Erfahrung. Er dachte an die dunklen Augen des seltsamen Mädchens, und es wurde ihm kalt. Irgendwo über den nächtlichen Ausläufern der italienischen Alpen verlor er erschöpft, durstig und frierend die Besinnung.

Am nächsten Tag fand man auf dem Kühboden den leeren Gleitschirmsack mit seinem Führerausweis. Der Holländer wurde als vermisst gemeldet. Wurde zuletzt mit einem roten Gleitschirm gesehen, hiess es in der Anzeige. Ein Binntaler Bauer meldete sich bei der Polizei und sagte aus, ein Mann an einem roten Gleitschirm sei wider die Natur das Tal hinaufgeglitten, und bekreuzigte sich dabei dreimal. Da die italienische Grenze nahe war, wurde der Vermisste international ausgeschrieben. Ein Fischer am Lago Maggiore wollte einen roten Gleitschirm gesehen haben, an dem ein lebloser Körper gehangen habe. Der seltsame Fall gelangte nach zwei Wochen in die europäische Presse und ins Fernsehen. Plötzlich gingen zahllose Meldungen aus Norditalien ein: aus Novara, Valenza, Tortona und aus den ligurischen Apeninnen. Schon wurde der rote Gleitschirm über dem Meer und Korsika gesichtet, als die italienischen Polizeibehörden sich entschlossen, den offensichtlich schon längst toten Mann mittels eines Helikopters zu bergen. Über Sardinien näherte sich der Polizeihelikopter dem Gleitschirm in einer Höhe von zweihundert Metern, war aber nicht in der Lage, sich diesem auch nur auf dreissig Meter zu nähern, so unberechenbar waren die Turbulenzen, die das merkwürdige Flugobjekt zu ummanteln schienen.

Die Nachricht vom roten Gleitschirm gelangte in die Weltpresse, als man ihn in Tunesien gesichtet hatte. Monate später tauchte er in Nigeria auf. In den nächsten Jahren erschien er an den verschiedensten Orten der Erde: über der Antarktis, über Tasmanien, in der Mongolei, über den Osterinseln, den Anden, dem Mississippi. Weder der amerikanischen Air-Force noch einem europäischen Flugkonsortium gelang es, den Gleitschirm und seine Last zu bergen, die beide dazu verdammt schienen, in alle Ewigkeit um die Erde zu segeln. Wo immer eine Mutter mit ihren Kindern vor ein Haus oder eine Hütte trat und den roten Gleitschirm sah, wandte sie sich mit Schaudern ab, zog die Kinder ins Innere der Behausung und murmelte mit Ehrfurcht erheischender Stimme: «Habt ihr gesehen? Das war der fliegende Holländer.»

In dieser Art etwa hatte sich Bonifaz Zgraggen, sechshundert Meter über Fiesch schwebend, die Story für seinen nächsten Kurzfilm ausgemalt, als jäh der Aufwind abriss, eine Turbulenz die Leinen des Gleitschirms sich verheddern liess und das grösste Nachwuchstalent des Schweizer Films mit einem für niemand hörbaren Schrei in die Tiefe stürzte.

BLIN D

BLINDDARM

Über dem Genfersee ging die Sonne unter, kitschig wie auf einer Ansichtskarte. Eliane, ein braunlockiges hübsches Mädchen, lehnte sich aus dem Fenster des Zimmers, das sie im Internat St-Ignace mit zwei andern Mädchen bewohnte. Mit einem Seufzer schloss sie das Fenster, knipste das Licht an und ihr Blick fiel auf den Wandkalender: 3. Mai 1957 – noch zwei Monate bis zu den Sommerferien. Sie wollte weg von hier, um jeden Preis. Aber so einfach war dieses Vorhaben nicht. Weder ihre Mutter noch ihr Stiefvater würden schon nach drei Monaten ihres Aufenthalts gewillt sein, solchen Erwägungen auch nur zuzuhören. Nun war sie gefangen hinter den Mauern von St-Ignace, wo katholische Schwestern ein hartes Regiment führten. Wie hatte es bloss so weit kommen dürfen?

Habe ich am Gymnasium in Trogen doch etwas zu sehr über die Stränge gehauen? Dort waren sie hundertfünfzig Schüler gewesen, fünfundzwanzig davon Mädchen, und sie die hübscheste und keckste von allen. Die Lehrer hatten sich beklagt, die Burschen in Elianes Klasse seien fahrig und unkonzentriert, seit sie in der Klasse sitze, die Bengel würden immer nur zu der bezaubernden Mitschülerin hinüberstarren. Es sei ein Kichern und Keckern, nicht zum Aushalten. Wo immer etwas ausgeheckt wurde, war Eliane dabei. Die Jungen versuchten, die Gunst Elianes zu gewinnen, indem sie immer riskantere Streiche ausheckten. Einmal hatten sie nachts das Kleinauto des Geografielehrers quer vor den Kircheneingang gestellt, an sich keine Schwierigkeit für den genasführten Autobesitzer, wären da nicht die Stufen zum Kirchenportal gewesen. Dann aber hatte sich Eliane an einem weit folgenschwereren Streich beteiligt, der Menschenleben hätte kosten können. Eines Nachts schlichen sich Schülerinnen und Schüler zum Bahnhof der Trogener Bahn und lösten die Bremsen eines Waggons. Dieser rollte zuerst gemächlich den Hang hinunter, gewann dann aber an Tempo und raste ins Tal. In der grossen Kurve entgleiste der Wagen, und nur durch ein Wunder befand sich zu dieser Zeit niemand am Ort des Geschehens. Das reichte: Die Lehrer und die Eltern von Eliane kamen überein, der weibliche Zögling sei an einem anderen Platz sicherer untergebracht; an einem Ort nämlich, wo es keine Jungen gab.

So war sie nach St-Ignace gekommen, in das Mädcheninternat am Genfersee, das als eines der strengsten in der ganzen Schweiz galt. Zu allem Unglück war Eliane protestantisch, ein echtes Handikap in einem katholischen Umfeld. Bevor noch der Unterricht begonnen hatte, galt sie schon als Häretikerin und gefährliches Element in der Klasse. Die Nonnen trugen dem Rechnung. Vor der Frühmesse wurde Eliane immer eine halbe Stunde früher geweckt und musste den andern Mädchen die Schuhe putzen. In der Kapelle setzte man sie in die erste Reihe, wo sie die Schwestern besser im Auge behalten konnten. Während Eliane den für sie unverständlichen Worten zuhörte, lasen ihre Kameradinnen in den hinteren Bänken Kriminalromane. Sie fühlte sich wie Aschenputtel. Jetzt, da sie gedemütigt gehorchte, umgeben von heuchlerischen Anpasserinnen, die es faustdick hinter den Ohren hatten, ausgerechnet jetzt, wo sie keinen Streich mehr ausheckte, war sie stets die Schuldige. Passierte irgendwo ein Missgeschick, war selbstverständlich der protestantische Balg schuld.

Im Gegensatz zum Grossteil der Schwestern mochten die Mädchen Eliane recht gut. Nicht zuletzt deshalb, weil sie ihnen einiges an Lebenserfahrung voraushatte. Es war kein Wunder, dass sich eines Nachts eine kleine Gruppe von Mädchen unter der kundigen Führung Elianes über die Mauer aus dem Staub machte, um in einem Lokal etwas zu trinken und andächtig der Jukebox zu lauschen. *Love me tender* von Elvis Presley spielte sie, und die Mädchen sogen entzückt am Strohhalm ihrer Zitronenlimonade. Die Schwestern bemerkten den zeitweiligen Ausbruch der vorwitzigen Elevinnen nicht, und so kam es für Eliane nicht zum Eklat.

Aber die Diskriminierung ihrer falschen Konfessionszugehörigkeit wegen und die straffe Zucht im Internat trieben Eliane langsam zur Verzweiflung. Es wurde so schlimm, dass sie aus Rachegefühl ihrem schlechten Ruf wirklich Ehre machen wollte und Streiche auszuhecken begann, die sie mit Hilfe der andern Mädchen generalstabsmässig durchführte. Einmal gossen sie in das Glas, in welchem Schwester Marie-Claire über Nacht ihr Gebiss einlegte, reines Parfum. Am nächsten Tag lief Marie-Claire mit rotem Kopf und offenem Mund durch die Gänge, weil sie der scharfe Alkohol derart brannte, dass sie ihren Mund nicht mehr schliessen konnte. Trotz solcher Streiche hellte sich Elianes Gemütszustand nicht auf. Als eines Abends die Sonne untergegangen war, öffnete Eliane das Fenster, entschlossen, das Internat innerhalb der nächsten achtundvierzig Stunden zu verlassen, denn schliesslich wartete draussen das Leben, an dem sie bereits geschnuppert hatte.

Nur, wie sollte sie es anstellen? Die Flucht über die Mauer oder vom ausserhalb der Anlage gelegenen Sportplatz war illusorisch. Wenn die Polizei avisiert würde, hätte man sie gleich wieder gefunden und sie müsste zurück. Sie konnte aber auch einfach ihre Eltern anrufen und ihnen von den fürchterlichen Zuständen im Internat erzählen. Aber das würde nichts fruchten, weil ihre Eltern sie bestimmt beschwichtigen und auffordern würden, noch einige Zeit ins Land gehen zu lassen. Sie musste sich also etwas anderes, etwas Effektiveres ausdenken.

Ihr Stiefvater, Albrecht Silberwuchner, war Frauenarzt. Darum musste sie sich etwas Medizinisches einfallen lassen, eine Krankheit, die eine Rückkehr nach Basel unumgänglich machte. Plötzlich stand ein ebenso genialer wie sicherer Plan vor ihrem inneren Auge. Es war ganz einfach: Sie würde starke Blinddarmreizungen bekommen. Welcher Arzt würde sein Kind, auch wenn es sich um das Stiefkind handelte, in einer solchen Situation allein im Welschland leiden lassen?

Am nächsten Morgen ass Eliane nichts zum Frühstück. Nach dem Grund ihres Hungerns gefragt, klagte sie über Bauchschmerzen. In der Französischstunde hob sie die Hand und fragte mit leidendem Blick, ob sie sich einen Moment hinlegen dürfe. Am Mittag drang die Kunde von Elianes Bauchschmerzen ans Ohr der Mutter Oberin. Sie liess Eliane zu sich kommen. Ja, hier täte es ihr weh, sagte Eliane und zeigte auf die Stelle, an dem sich der Blinddarm befand. Am Nachmittag wälzte sie sich auf dem Bett und stiess vor scheinbaren Schmerzen Schreie aus, die bei den Schwestern allmählich ernsthafte Beunruhigung und Sorge hervorriefen. Der Arzt wurde geholt. In anatomischen Belangen nicht ganz unkundig, schrie die Schülerin laut auf, wenn der Arzt den Finger auf der Höhe des Blinddarms in den Bauch drückte und wieder zurückzog. Die Schwester Oberin hielt es für ihre Pflicht, die Eltern von Eliane zu benachrichtigen. Mit schwacher Stimme wandte sich dann auch Eliane selbst an ihren Stiefvater und sagte ihm, sie wolle sofort nach Hause kommen. Albrecht Silberwuchner zögerte nach einem kurzen Gespräch mit dem alten Schularzt keinen Augenblick, gab sein Einverständnis und mahnte zur Eile. Eliane solle gleich den nächsten Zug nach Basel nehmen und nochmals anrufen, sodass er sie am Bahnhof abholen könne.

Je näher der Schnellzug Basel kam, desto mulmiger wurde es in Elianes Magengrube. Sie fuhr zwar zurück nach Basel, aber was half das eigentlich? Spätestens zu Hause oder im Spital würde sie beichten müssen; dass sie nämlich völlig gesund war und nur geflunkert hatte. Sie sah und hörte bereits ihren Stiefvater toben, der in solchen Dingen absolut keinen Spass verstand und sie gleich wieder zurückschicken würde. Was war also mit ihrer Lüge gewonnen? Nichts, im Gegenteil, alles würde noch viel schlimmer. Bestimmt führte ihr Weg zurück an den Genfersee, zu den Nonnen, die sich in ihrer Überzeugung, sie sei eine unverbesserliche Ketzerin, noch bestätigt finden würden. Im schlimmsten Falle wiese man sie in eine geschlossene Besserungsanstalt ein.

Als der Zug Liestal, die letzte Station vor Basel, verliess, wusste Eliane weder ein noch aus. Ausser dem flauen Gefühl im Magen fühlte sie sich ja kerngesund. Ob sie vielleicht doch …

Auf dem Bahnsteig standen mit ernsten Mienen bereits Albrecht Silberwuchner, Elianes Mutter Nora und Professor Josef Emker, ein Chirurg und Freund der Familie. Mit besorgten Blicken nahmen sie Eliane in Empfang.

«Tut es sehr weh?», fragte Silberwuchner.

«Es geht, im Moment sind die Schmerzen erträglich. Aber es kommt irgendwie wellenweise», log Eliane. Vor dem Bahnhof stand der schwarze Buick der Silberwuchners. Man fuhr gleich in die Klinik, wo der Operationssaal bereits bestellt worden war. Professor Emker sollte den Eingriff vornehmen, Silberwuchner assistieren. Eliane fühlte sich so elend wie noch nie in ihrem Leben, und je elender sie sich fühlte, desto mehr glaubten ihre Angehörigen, sie befände sich in höchster Gefahr. Als der Anästhesist dem Mädchen die Maske aufsetzte, hatte es sich in sein Schicksal ergeben. Es gab kein Zurück mehr. Oder sollte sie jetzt schreien und aufstehen? Nein, mit der unnötigen Operation wäre sie genug bestraft, vielleicht würde die beharrliche Tapferkeit, mit der sie mit allen Mitteln dem Internat zu entrinnen suchte, von ihrer Mutter und ihrem Stiefvater honoriert, als Ehrlichkeit ausgelegt trotz aller Schwindelei. Jetzt musste sie rückwärts zählen: zehn, neun, acht, sieben, sechs, fünf, vier …

Als Eliane erwachte, drang ein diffuses Stimmengewirr, das von weit weg zu kommen schien, an ihr Ohr. Sie wagte nicht, ihre Augen zu öffnen, als sie die Hand ihrer Mutter auf der ihren spürte.

«Sie schläft noch», sagte ihre Mutter.

«Unglaublich, diese Sache!», hörte Eliane ihren Nennonkel Josef sagen. Nun würde es kommen, das grosse Donnerwetter. Sie presste ihre Augen zu und nahm sich vor, sie nie wieder zu öffnen.

«Unglaubliches Glück hat sie gehabt», sagte nun die Stimme von Silberwuchner, «als wir einen gesunden rosa Blinddarm vorfanden, waren wir ziemlich irritiert. Josef riet, weiter zu suchen, da er Schlimmeres vermutete. Und tatsächlich, knappe fünf Zentimeter vom Blinddarm entfernt fand sich ein nussgrosser Tumor, eine Spezies, die berüchtigt ist, weil sie erstens schnell wächst und zweitens erst Schmerzen verursacht, wenn es schon längst zu spät ist. In Elianes Fall musste der Tumor auf einen wichtigen Nerv gedrückt haben, sodass der Arzt in St-Ignace nicht ohne innere Logik auf Blinddarm tippte. Wenn man das Kind nicht sofort operiert hätte, wäre es womöglich in ein paar Wochen zu spät gewesen.»

Eliane drückte die Hand ihrer Mutter, schluckte leer und öffnete schreckensbleich die Augen.

Viele Jahre später kam Eliane der Gedanke, die Geschichte mit dem Tumor sei womöglich gar nicht wahr gewesen. Albrecht Silberwuchner legte Frauen gegenüber oft einen unzimperlichen Humor an den Tag, und deshalb war die Hypothese, ihr Papa habe damals selbst geflunkert, nicht von der Hand zu weisen. Aber Eliane getraute sich nicht, den schon alten Silberwuchner, der schwach und krank war, zu fragen. Und als Josef Emker und Albrecht Silberwuchner gestorben waren, gab es niemanden mehr, der den wirklichen Sachverhalt kannte. So blieb denn Eliane zeit ihres Lebens in dieser Ungewissheit; und dies war der späte Denkzettel für ihre gewagte Notlüge.

MUNDI

I

APOKATASTASIS MUNDI

Es gibt Menschen, die sich nicht über den Gesamteindruck eines fast perfekten Teppichs freuen können, sondern nur über die kleinen eingewobenen Fehler. Es gibt auch Menschen, die nur deshalb Briefmarken sammeln, weil sie darauf versessen sind, Fehldrucke zu ergattern; ebenso gibt es Menschen, die in einem Textkörper stets das Fehlerhafte suchen. Zu diesen Menschen gehörte Meinrad Reichert, der als promovierter Germanist eine Stelle beim Schweizerischen Idiotikon innehatte. Die Mitarbeiterinnen und Mitarbeiter des kleinen, aber renommierten Unternehmens, das die Eigentümlichkeiten des Schweizerdeutschen untersuchte, waren ohnedies prädestiniert, sprachlich Falsches auf einen Blick wahrzunehmen; dass aber einer unter ihnen seine berufliche Fähigkeiten in der Freizeit perfektionierte, war eher ungewöhnlich.

Meinrad Reichert hatte seine Augen zum Auffinden von Druckfehlern aller Art geschult. Wann immer er ein Buch las, fand er Druckfehler; ja er war im Stande, ein Buch nur durchzublättern und innert einer halben Minute den vielleicht einzigen Druckfehler aufzustöbern. Aber Reichert fand nicht nur Druckfehler, er sammelte sie auch. Im Arbeitszimmer seiner Wohnung in Winterthur standen unterdessen bereits fünfzehn Ordner mit Druckfehlern. Natürlich konnte er diese nicht einfach ausschneiden wie Briefmarken, denn ohne den entsprechenden Kontext war ein Druckfehler ja nichts anderes als ein neutraler Buchstabe. Reichert kopierte deshalb die Seiten, auf denen sich Druckfehler fanden, notierte darauf Autor, Titel, Verlag, Druckort, Jahrgang und selbstverständlich auch die Auflage. Diese war für viele Druckfehler oft das Entscheidendste. Um die Druckfehler seiner Sammlung leichter zu finden, hatte er sie mit einem Leuchtstift markiert.

Im Laufe seiner zwanzigjährigen Recherchen hatte sich Reichert auf die deutsche Literatur spezialisiert. Er hatte einige Freundinnen und Freunde, die ihn laufend mit Druckfehlern versorgten, sodass seine Ordner mehr oder weniger alle bedeutenden deutschsprachigen Autoren berücksichtigten.

Meinrad Reichert hatte im Laufe der Zeit Kategorien aufgestellt, nach welchen er die kopierten Buchseiten ordnete. Zuerst kam die Kategorie, dann wurde alphabetisch nach Autor geordnet. Zunächst gab es den einfachen Druckfehler, den Reichert auch dummen Druckfehler nannte, etwa «Menschne» statt «Menschen», oder «im Rosenharten» statt «im Rosengarten». Diese Druckfehler füllten ganze neun der fünfzehn Ordner. Dann folgte der lustige Druckfehler, der sich sofort als solcher zu erkennen gab, und die Leser amüsieren konnte, z. B. «Sie begraben sich zum Fenster» oder in einem Novalis-Gedicht: «Wenn nicht mehr Mahlen und Figuren / Sind Schlüssel aller Kreaturen». Eine weitere Kategorie befasste sich mit Fehlleistungen beim Setzen oder Abschreiben. Diese Kategorie setzte natürlich ein gewisses Grundwissen über Freuds Konzeption der Fehlleistung voraus; sich dieses anzueignen, hatte Reichert während der acht Jahre seiner Psychoanalyse genügend Zeit gehabt. Wenn es etwa hiess: «Mutters Essen war verheerragend», statt: «Mutters Essen war hervorragend», so liess dies auf eine kulinarische Traumatisierung im Kindheitsalter schliessen. Die nächste Kategorie war eigentlich eine Unterkategorie des lustigen Druckfehlers und befasste sich mit den sogenannten Schüttlern, die auf legasthenische Autoren oder Setzer zurückgingen, z. B. «Grinder-

APOKATASTASIS

hund» statt «Hintergrund» oder «sonnewam» statt «wonnesam». Von diesen Schüttlern besass Reichert nur gerade siebzehn. Die nächste Kategorie waren die Druckfehler, die sich nicht sofort als solche zu erkennen gaben, vor allem, wenn es sich beim Text um ein modernes Gedicht handelte. So hiess es in Magnus Enzenbühlers Gedicht «Die mäkligen Firmen» etwa: «Die Sanduhr tadelt den feigen Leistungsabfall», wogegen es heissen musste: «Die Sanduhr tadelt den feigen Leistungsanfall». Es handelte sich dabei um den perfiden Druckfehler. Auf solche Trouvaillen war Reichert besonders stolz, denn sie waren wirklich nur durch den sorgfältigen Vergleich aller Ausgaben zu finden. Dann gab es den tragischen Druckfehler. Er war eigentlich ein Spezialfall des perfiden Druckfehlers und im Stande, die Stimmigkeit oder Glaubwürdigkeit eines ganzen Werkes zu zerstören und damit die Reputation des Schriftstellers. Der tragische Druckfehler existierte für Reichert erst in der Theorie, ein Beispiel hatte er noch nicht gefunden. Die nächste Kategorie waren die Fehler, die entstanden, wenn das Rechtschreibprogramm des Computers den Autor überlistete und aus einem «Dei gratia» ein «Die gratia» wurde. Die letzte Kategorie war die der Scheindruckfehler; die Leser wähnten dort einen Fehler, wo keiner war, z. B. in «Katarrhhusten», ein Wort, das merkwürdig aussah, aber richtig geschrieben war. Diese Scheindruckfehler sammelte Reichert nur wegen seines Hangs zur Vollständigkeit; fasziniert war er von ihnen nicht.

Selbstverständlich gab sich Reichert nur mit Büchern von Verlagen ab, die über ein sorgfältiges Lektorat verfügten; Ramschverlage, die sich einen Deut um die Eliminierung von Druckfehlern kümmerten, liess er links liegen. Es war fast wie an der Börse: Es gab hoch dotierte Druckfehler wie die im Werk von Hans Blumenberg und Durchschnittsware wie Fehler bei Hesse, Böll oder Grass. Reichert führte natürlich auch eine genaue Statistik der Häufigkeiten, sowohl bei Verlagen wie bei Schriftstellern. Ein eigens dafür konzipiertes Computerprogramm sorgte dafür, dass Reichert monatlich Diagramme mit allen Parametern ausdrucken konnte. Es erübrigt sich fast, darauf hinzuweisen, dass sich in seiner Bibliothek auch alle einschlägigen Bücher und Artikel über das Thema Druckfehler befanden.

Ausser den Freundinnen und Freunden, die Reichert Druckfehler zutrugen, gab es kaum jemanden, der sich für das ungewöhnliche Hobby interessierte. Ein Versuch, in der *Neuen Zürcher Zeitung* einen Artikel über den Druckfehler bei Thomas Mann zu veröffentlichen, war kläglich gescheitert. Auch andere Zeitungen und Magazine zeigten kein Interesse. Allein das *Bulleting der hessischen Druckindustrie* hatte einmal positiven Bescheid gegeben, und Reichert hatte danach einen Artikel über den Unterschied von perfidem und tragischem Druckfehler geschrieben.

An einem schwülen Augusttag setzte sich Reichert über Mittag an den schattigsten Tisch eines Strassencafés. Es ärgerte ihn, dass die Zeitungen seit Wochen über Gebühr dem Treiben einer neuen Sekte Beachtung schenkten, die sich «Apokatastasis mundi» nannte. Im Unterschied zu den meisten Menschen verstand er den Sinn dieses unmöglichen griechisch-lateinischen Mischwortes. «Apokatastasis mundi» bedeutete «Wiederbringung der Welt», wobei er das Wort «Apokatastasis» vom Kirchenvater Origenes her kannte, der es in der Verbindung «Apokatastasis panton», «die Wiederbringung aller Dinge», gebraucht hatte, einer Lehre, die in frommen Kreisen als sogenannte Allversöhnung diskreditiert wurde. Das Interesse der Medien galt nicht der Sekte an sich, sondern der auflagenerhöhenden Aussicht, dass sich die Mitglieder der religiösen Gruppe eines Tages kollektiv umbringen würden.

Was wollte diese Sekte schon wieder genau? Reichert las dazu in den vermischten Meldungen seines Leibblatts. Der oberste Leiter der Sekte, der sogenannte Hüter der Verwandlung, glaubte, dass die Wiederbringung der Welt im irdischen und zeitlichen Bereich und nicht erst im Jenseits erfolgen würde. Wenn Reichert das richtig verstand, würden schon bald «alle Tränen abgewischt», wie es in der Bibel so schön hiess, und die Erde in ihren paradiesischen Zustand zurückversetzt werden. Arme Irre!, dachte Reichert und legte die Zeitung beiseite. Er trank seinen Kaffee aus und zahlte.

Als er am Abend im Zug nach Winterthur fuhr, fand er in einer frühen Ausgabe von Eichendorffs Gedichten einen perfiden Druckfehler. Zu Hause setzte er sofort seinen kleinen Fotokopierer in Betrieb und lichtete die entsprechende Seite ab. Er ging zum Schreibtisch, auf dem auch sein Computer stand, und notierte am rechten oberen Rand der Kopie Autor, Titel, Druckort, Jahr und Ausgabe. Dann griff er zu seinem gelben Marker und wollte eben den Druckfehler hervorheben, als ihm in Sekundenbruchteilen bewusst wurde, dass da gar kein Druckfehler stand. Er las den Satz einmal, zweimal, dreimal ... Aber immer stand da: «Komm Trost der Welt, du stille Nacht.» Dabei war er ganz sicher, dass er im Zug gelesen hatte: «Komm Trotz der Welt, du stille Nacht.» Er griff zur Eichendorff-Ausgabe und schlug sie auf. Tatsächlich, auch hier befand sich kein Druckfehler. Wie dumm von mir, dachte Reichert, die Kopiermaschine konnte ja keine Druckfehler erzeugen oder wegretuschieren. Vielleicht hatte ihn das schwülheisse Wetter wirklich müde und unkonzentriert gemacht, dass er schon perfide Druckfehler sah, wo keine waren. Reichert setzte sich auf seine Terrasse und las noch einige Gedichte von Eichendorff, ohne einen Druckfehler zu finden. Dann machte er sich etwas zu essen, sah fern und ging früh zu Bett.

Am nächsten Morgen betrat der Germanist frisch geduscht den Balkon und merkte sogleich, dass die Luft frischer und trockener war als sonst. Er ging zurück ins Schlafzimmer, um seine graue Hose zu holen, die am Vortag beim Mittagessen einen Saucenspritzer abbekommen hatte. Er hatte geplant, sie auf dem Weg zur Arbeit in die Reinigung bringen, und war gerade dabei, sie in eine Plastiktüte zu schieben, als ihm schien, die Hose schaue eigentlich noch aus wie neu. Er breitete sie aus und konnte den Fleck nicht mehr finden. Seltsam, dachte er und zog die Hose an.

Als er im überfüllten Bus zum Bahnhof fuhr, bemerkte er, dass gleich mehrere junge Leute aufstanden, um ihren Platz höflich einer älteren Dame anzubieten. Das hatte er nun seit Monaten nicht mehr gesehen. Was war heute bloss los? In der Bahn nach Zürich herrschte eine angenehme und heitere Atmosphäre. Jemand erzählte einen harmlosen Witz und alle lachten, eine Frau trällerte ein Liedchen vor sich hin und der Kondukteur erliess einem Mitfahrenden, der die Fahrkarte vergessen hatte, das Bussgeld. Im Zürcher Bahnhof herrschte statt des allmorgendlichen hektischen Gerangels ein diszipliniertes und harmonisches Geschiebe. Die Leute schienen keine Eile zu haben. Ein Schüler anerbot sich, ihm die schwere Mappe zu tragen. Seltsam, dachte Reichert, sehr seltsam. Während der Zeitungslektüre im Zug und auch während der ganzen Arbeitszeit stiess er auf keinen einzigen Druckfehler. Renate Sorg, seine Arbeitskollegin, brachte ihm schon um neun Uhr einen heissen Kaffee und plauderte ausgelassen über ihre neuesten Entdeckungen bei den Wörtern zwischen «zall-» und «zult-». Der Tag verging wie im Flug. Reichert fuhr zwischen glücklichen Menschen zurück nach Winterthur.

Nach den Abendnachrichten fiel ihm plötzlich auf, dass keine einzige Katastrophenmeldung dabei gewesen war. Auch die politischen Meldungen waren hoffnungserweckend gewe-

APOKATASTASIS

sen. Im Nahen Osten zeichnete sich seit dem Vortag eine definitive Friedenslösung ab, nachdem der syrische Präsident mit Israel ein bilaterales Abkommen über die Teilung des Golan und die gemeinsame wirtschaftliche Nutzung desselben unterzeichnet hatte; in Nordirland gab auch die letzte Splittergruppe der IRA zu verstehen, sie würde sich in Kürze auflösen und alle Waffen abgeben, da der Premierminister Grossbritanniens weitgehende Zugeständnisse gemacht habe; der noch vor zwei Tagen bedrohlich hohe Wasserpegel der Oder war innerhalb von zwölf Stunden aus unerklärlichen Gründen um zwei Meter gesunken.

Reichert betrat den Balkon, setzte sich auf seinen Schaukelstuhl und fühlte sich glücklich. Da fiel ihm ein, dass er für das nächste Kapitel eines von ihm geplanten Aufsatzes noch einige Druckfehler im Werk Heimito von Doderers brauchte. Er ging ins Arbeitszimmer und nahm den betreffenden Ordner aus dem Büchergestell. Er schlug im Register nach: «Einfache Druckfehler, Doderer: Seiten 146–167» und griff zu Schreibblock und Kugelschreiber. Es begann bei *Die erleuchteten Fenster*. Reicherts Blick fiel sogleich auf die erste gelbe Markierung. Merkwürdig, das war gar kein einfacher Druckfehler; es musste wohl ein versteckter Fehler sein, der irrtümlicherweise hier hineingerutscht war. Aber der Satz tönte so authentisch nach Doderer, dass er unsicher wurde. Er blätterte die Seite um und schaute auf die nächste Markierung. Seltsam, wieder kein Druckfehler. Er kontrolliert alle Seiten und wurde zu seiner zunehmenden Verwunderung gewahr, dass Doderer druckfehlerfrei war. Das war doch nicht möglich, das war absolut unmöglich, denn er konnte sich an einzelne Fälle noch sehr gut erinnern. Er blätterte zurück: Canetti – kein Druckfehler! Er blätterte nach vorn: Dürrenmatt – kein Druckfehler! Verzweiflung bemächtigte sich seiner. Wo waren die Druckfehler? Mit einem Satz verliess er den Schaukelstuhl und rannte zurück ins Arbeitszimmer. Perfide Druckfehler, ja, da waren sie, in Ordner dreizehn ganz vorn. Er nahm ihn mit auf den Balkon, setzte sich wieder und las. Mit wachsendem Grauen erkannte er, dass der ganze Ordner mit den wertvollen perfiden, Fehlleistungs-, Schüttler-, versteckten Computer- und Schein-Druckfehlern völlig unbrauchbar geworden war, weil sich nicht ein einziger Druckfehler mehr darin befand! Reichert geriet in Panik. Moment, die Bücher!, dachte er und rannte ins Arbeitszimmer. Hier, in der limitierten Ausgabe der *Blechtrommel* gab es doch diesen perfiden Druckfehler auf Seite 93. Er schlug die Seite auf, suchte, suchte und suchte – nichts! Er machte Stichproben in den anderen Ordnern – nichts! Er durchwühlte noch mindestens ein Dutzend Bücher, in denen es nachweislich berühmte Druckfehler gab – nichts, nichts, nichts! Schliesslich liess er sich entnervt und gebeutelt von so viel Fehlerlosigkeit in seinen Schaukelstuhl fallen. Was war geschehen? Waren die Druckfehler vielleicht noch da, und seine Wahrnehmung hatte sich seit gestern verändert? Er erinnerte sich an den perfiden Druckfehler bei Eichendorff, der gestern so plötzlich verschwunden war, an den Fleck auf seiner Hose, der sich über Nacht in nichts aufgelöst hatte, die Weltlage, die sich schon beinahe zum Zustand der besten aller Welten hinbewegte … In seiner Verzweiflung rief er einen guten Freund an. Zum Glück war Benedikt Dürr, der als Seelsorger am nahen Kantonsspital arbeitete, gerade zu Hause.

«Hallo, Ben», sagte Reichert atemlos, «hast du einen Moment Zeit, um rüberzukommen? Es ist dringend, wirklich … Danke!»

Nach zwanzig Minuten stand Benedikt Dürr vor der Tür. Reichert schenkte zwei Cognacs ein und erzählte seinem Freund, was geschehen war. Dieser schien sich keineswegs zu wundern.

«Weisst du», sagte er, «mir sind heute auch laufend solch merkwürdige Dinge passiert. Bei dir sind alle Druckfehler weg, bei mir plötzlich alle Menschen gesund. Alle Hindernisse für den Weltfrieden werden beseitigt, die Menschen sind fröhlich und haben nichts mehr zu jammern, Flecken verschwinden, wie von Geisterhand weg gerieben ... Meinrad, das sieht – theologisch gesprochen – beinahe aus wie die Auslöschung alles Fehlerhaften auf dieser Welt.»

«Genau», Meinrad Reichert erinnerte sich an die gestrige Zeitungslektüre, «das ist es! Diese Sekte ‹Apokatastasis mundi›, du hast sicher davon gelesen oder gehört; die behaupten doch, die Wiederbringung der Welt, die Wiederherstellung alles Zerbrochenen, Fehlerhaften und Kaputten stehe bevor. Und nun ist diese Apokatastasis eingetreten, ohne Zweifel.»

Benedikt Dürr nickte ernst: «Es sieht beinahe so aus. Die Beweise jedenfalls sind erdrückend. Aber eigentlich ist das ja wunderbar. Kein Leid, keine Pannen, keine Fehler und keine Untaten mehr!»

«Natürlich hast du in gewissem Sinne Recht. Nur für mich bedeutet es eine Katastrophe», sagte nun – vollends aus der Fassung gebracht – Meinrad Reichert erregt, «es ist das Ende, das Ende meiner zwanzigjährigen Arbeit, der Untergang, der Abgrund der Sinnlosigkeit! Wenn es keinen Druckfehler mehr gibt, nicht einmal mehr einen Beweis dafür, dass je einer existiert hat, dann ist mein Leben sinnlos geworden, meine riesige Arbeit umsonst!»

«Umsonst? Sind denn der Gedanke und die Tatsache, nun endlich in der besten aller Welten zu leben, nicht Grund dafür, zu feiern und all die Fehler, die es in Manuskripten und anderswo je gab, endgültig zu vergessen? Ich meine, wiegt das Neue das Alte nicht bei weitem auf?»

«Nein!», schrie Meinrad, «nein! Was ist eine Welt ohne Fehler? Was ist ein Buch ohne den perfiden Druckfehler? Wo holen wir uns unsere Erheiterung und Erbauung her, wenn es den Schüttler nicht mehr gibt oder die Fehlleistung? Was tun wir, alle Fehlerliebhaber der Welt, wenn das Mangelhafte, Fehlerhafte und Unfertige aus dieser Welt verschwunden ist? Langeweile macht sich breit, wenn nur noch fehlerfreie Texte erscheinen und nur noch fehlerfreie Teppiche gewoben werden; Langeweile und Überdruss! Ich fordere die Wiederbringung der Druckfehler, Benedikt. Der Druckfehler gehört zur Welt wie der Pickel zum Halbwüchsigen. Deshalb fordere ich auf der Stelle und an die Adresse des Allerhöchsten die Apokatastasis typographici errati!»

Dürr spürte, dass er dieser Argumentation im Augenblick nichts entgegenzusetzen hatte. In gedrückter Stimmung verabschiedeten sich die beiden. Lieber Gott, dachte Reichert vor dem Einschlafen, mach, dass das alles nicht wahr ist! Den Weltfrieden würde er akzeptieren, sicher, aber nicht auf Kosten seines Lebenssinns.

Als Reichert am anderen Morgen erwachte, fühlte er sich zerschlagen. Im Zug war er schlechter Stimmung und mochte nicht lesen. Aber auch die anderen Leute schienen gereizt zu sein. In Zürich war das erste, was er hörte, ein Martinshorn. Irgendwo war ein Unfall passiert. Im Büro blätterte er im Historisch-biografischen Lexikon der Schweiz, um den Namen eines Bischofs zu eruieren. Was war denn das?! Er konnte es nicht fassen: ein Druckfehler! Der letzte Druckfehler, den Gott nicht gelöscht hatte, ein Lichtblick für seine verdunkelte Seele! Etwas aufgeheiterter kam er abends nach Hause. Die Nachrichten brachten nur schauerliche Meldungen: Das Vertragswerk zwischen Syrien und Israel war geplatzt, die IRA hatte wieder einen Anschlag begangen, die Oder stieg wieder bedrohlich.

Reichert jauchzte und holte einen Ordner aus seinem Büchergestell. Schnell, schnell! Hier, bei Goethe: ein Druckfehler, ein veritabler Druckfehler! Und hier ... und da, überall Druckfehler! Reichert konnte sein Glück kaum fassen. Die Druckfehler waren zurückgekehrt, der Versuch der Apokatastasis mundi war gescheitert. Er und andere Fehlersammler hatten mit ihren Argumenten gesiegt, sie hatten wie Abraham damals in der Stadt Sodom Gott etwas abgerungen, ja abgetrotzt. Gott hatte sich geschlagen gegeben. Die alte Welt war gerettet, und damit Meinrads Arbeit von zwanzig Jahren.

Schwer geworden vom Glück, ruhten seine Glieder auf dem Bett, und bald schlief Meinrad Reichert selbstzufrieden und entspannt ein.

SELBSTGESPRÄCH

Während des Studiums bewohnte ich mit meinem Kollegen Fortunat eine etwas heruntergekommene Wohnung im Zürcher Seefeld. Eines Tages, ich studierte im dritten Semester Jura, war mir das akademische Getue mit dem ganzen universitären Firlefanz verleidet. Ich entschloss mich, etwas ganz anderes zu machen, und meldete mich auf ein Inserat bei der Vinogusto AG in Zumikon, einem Vertrieb für biologische Weine.

Jeden Morgen um sieben machte ich mich auf den Arbeitsweg und folgte der Dufourstrasse bis zum Opernhaus. Von dort war es nur noch eine kurze Strecke bis zum Bellevue, wo ich den Bus nach Zumikon besteigen musste.

Busfahren ist etwas ganz Eigenartiges. Natürlich sieht man auch im Zug immer wieder die gleichen Leute, aber da sich die Bahnbenützer auf mehrere Wagen verteilen, ist das Zugfahren anonymer als die Reise im Bus. Im Bus kann man niemandem ausweichen. Jeden Morgen sieht man die gleichen Leute, wird man von den gleichen Leuten gesehen. Man befindet sich mit ihnen gewissermassen in einer Situation der distanzierten Intimität. Vielleicht beginnt man, einzelnen Mitreisenden am Morgen zuzunicken oder sie gar zu grüssen. Vielleicht bereut man einen solchen Gruss schon drei Tage darauf, wenn der Gegrüsste einem nun jeden Morgen den Kopf voll redet. Diese Rituale sind enorm kompliziert und für den Anfänger vollkommen undurchschaubar. In der Schweiz ist es ratsam, schweigend Bus zu fahren und die Blicke nicht zu auffällig schweifen zu lassen. Anbiederungen in Form von morgendlichen Witzen oder Anzüglichkeiten sind verpönt und können einen aus der verschworenen Gemeinschaft der Nicht-Kommunizierenden ausschliessen. Natürlich gibt es Situationen, in denen eine Tuchfühlung mit der Sitznachbarin oder dem Sitznachbarn erlaubt ist: Die Uhr ist stehen geblieben, und man fragt nach der Zeit; ein Magazin der Nachbarin ist heruntergefallen, und man hebt es auf; die hydraulischen Türen wollen auch nach zehnmaligem Anlauf nicht schliessen, man macht eine Bemerkung über die Unzuverlässigkeit der heutigen Technik. Und natürlich gibt es im Bus auch Leute, die eine gewisse Narrenfreiheit besitzen. Es handelt sich dabei nicht um die Kinder, denn bei diesen achtet die Busgemeinschaft auf ein Minimum an Korrektheit und Ruhe. Vielmehr sind es Individuen, die durch gewisse Eigenheiten den Mitreisenden Respekt abverlangen.

Zu diesen Individuen gehörte in meinem Fall eine Frau mittleren Alters, die jeden Morgen bereits im Bus sass, wenn ich am Bellevue einstieg. Sie war eine Erscheinung, die gerade durch ihre äusserliche Unauffälligkeit auffiel. Stets war sie adrett, aber dezent gekleidet, hatte ihre Haare zu einem Knoten nach hinten gesteckt und sah aus, wie ich mir eine englische Sekretärin aus den sechziger Jahren vorstellte. Diese Dame benahm sich aber auffällig; für eine Benützerin eines öffentlichen Verkehrsmittels geradezu schamlos. Sie führte nämlich Selbstgespräche, nicht leise, wie es ältere Leute oder unter Stress stehende Manager oft tun, nein, in einer Lautstärke, die auch die Fahrgäste im rückwärtigen Teil des Busses jedes Wort verstehen liess. Aber es schien unter den Busreisenden ein stilles Einverständnis zu geben, die Frau nicht zum Schweigen oder Leisersprechen aufzufordern. Nur Fremde machten manchmal eine unwirsche Bemerkung oder wandten den Kopf indigniert in Richtung der Frau.

Seit ich diese Frau zum ersten Mal gesehen und vor allem gehört hatte, war ich fasziniert von ihrem Selbstgespräch. Die meisten Menschen, die mit sich selbst sprechen, tun dies entweder in einer eher autistischen Weise, schimpfend, sich beklagend oder so, als ob sie die Absicht hätten, ihre Umgebung auf etwas aufmerksam zu machen, ohne die Menschen um sich herum persönlich ansprechen zu müssen. All dies traf aber auf die Frau im Bus nicht zu. Wenn man ihr zuhörte – und ich tat dies jeden Morgen in höchster Konzentration –, so hörte man einen Monolog, der sich wie die eine Stimme eines Telefongesprächs anhörte. Immer sprach die Frau mit einer imaginären Person und sie passte ihre Stimmlage, Sprechgeschwindigkeit und die Sprechpausen einem normalen Dialog an. Es war genau so, wie wenn man jemandem zuhört, der sich am Telefon mit einer anderen Person unterhält. Mit der Zeit glaubte ich geradezu, die zweite, unsichtbare Person ebenfalls reden zu hören. Es war wirklich höchst ungewöhnlich.

Meist sprach sie mit einer Frau, weder unterwürfig noch anbiedernd, ohne die leichte Exaltation der Stimmlage, welche gerade Frauen im Umgang mit Männern im Beruf einsetzen, bewusst oder unbewusst. Ihr Ton war freundschaftlich. Die Frau und ihr imaginäres Gegenüber sprachen meist über alltägliche Dinge: das Wohlergehen von Stefan und Seraina, die Reparatur des Fernsehapparates, die Nachbarn.

Ein solches Selbstgespräch hörte sich dann etwa so an:

«Ich glaube, du müsstest sie wirklich einmal zum Psychotherapeuten schicken ... Hast du schon? ... Aha, und sie will nicht ... Aber es kann doch einfach nicht weitergehen so, du enervierst dich ja ... Nein, nein, ich will mich wirklich nicht einmischen, da hast du mich falsch verstanden. Und Ralf? Was sagt denn Ralf dazu? ... Ach so, ich verstehe. Die Kleine ist im Moment in einer schwierigen Lage. Und ihr Freund, wie heisst er gleich wieder ... ach ja, Pirmin. Ist er nicht arbeits-

los, hast du gesagt? ... Es ist ein Jammer mit dieser Arbeits-
losigkeit, wirklich ...»

Ich glaube nicht, dass ausser mir noch jemand der laut
selbstdialogisierenden Frau zuhörte. Sie gehörte im Bus einfach dazu, ihr Reden war wie das vertraute Rauschen eines
Flusses. Nach drei Tagen hört man es nicht mehr.

Nachdem ich einige Monate im selben Bus wie die gesprächi-
ge Frau gefahren war, kannte ich die Verhältnisse der imaginären Freundin schon recht gut. Die Frau – sie hiess Karin –
war offensichtlich mit einem Mann namens Ralf verheiratet
und hatte zwei erwachsene Kinder, Stefan und Seraina. In der
Familie schienen ziemlich grosse Spannungen zu herrschen.
Seraina war in psychotherapeutischer Behandlung, Stefan ar-
beitslos. Ich machte mir meine eigenen Vorstellungen von den
Menschen, die sich hinter den Selbstgesprächen im Bus verbargen, und hatte Lust, zu erfahren, wie sie aussahen.

An einem nebligen Novembertag inszenierte die Frau im
Bus ein Gespräch, das mir in Erinnerung blieb; vielleicht deshalb, weil ich Geburtstag hatte. Obwohl ich mich natürlich
nicht mehr an den genauen Wortlaut des Selbstgesprächs erinnere, vermag ich mich noch ziemlich genau an den Inhalt zu
erinnern. Die Frau schien aufgeregt, sie wirkte betroffen und
gereizt.

«Karin, wann hast du es entdeckt, ich meine die Fotos und
die Kassetten? ... Ja, und weiss Ralf, dass du es weisst? ... Würde ich auch nicht, nein, nein ... Und die Kinder? ... Aha, wissen nichts. Ich hätte das Ralf nicht zugetraut, meinst du, er
hat auch selbst ... Tatsächlich, du hast Beweise, Telefonnum-
mern? ... Natürlich, das finde ich auch ... ein Schwein, ein riesiges Schwein ... Du hast in all den Jahren wirklich genug
gelitten, und nun noch das. Die armen Kinder! ... Ja, das finde ich auch ... Nein, nein, ich auch nicht ... Was? Du hast dar-

an gedacht, ihn ... Ich verstehe dich voll und ganz ... Ja, und bei seiner Stellung, ich würde das auch nicht mehr ertragen ... Ich würde ebenso handeln wie du ...»

Als ich abends nach Hause kam, verfiel ich auf die Idee, im Telefonbuch nachzusehen, welche Menschen sich hinter den Namen «Ralf» und «Karin» verbargen. Ich hielt meine Suche für ziemlich schwierig, denn ich kannte nur die Vornamen. Doch vermutete ich, dass die Familie in Zumikon wohnte, wo die Frau vom Bus immer ausstieg. Dank einer Internetrecherche war ich schon bald fündig geworden: Amgarten, Ralf, und Karin, Pfarrer, Nelkenstrasse 23. Interessant, dachte ich, was hatte Ralf bloss ausgefressen? Fotos, Kassetten?

Nach diesem Tag sah ich die Frau im Bus ganze zwei Wochen nicht mehr. Sie fehlte mir richtig, und ich langweilte mich auf der Fahrt vom Bellevue nach Zumikon bereits, weil die Menschen im Bus keine Ersatzunterhaltung boten. Dann, Anfang Dezember, sass sie eines Morgens wieder im Bus, sichtlich verändert. Sie wirkte selbstbewusster, trug die Haare offen und kurz geschnitten, sah jünger aus. Als der Bus sich auf der Höhe des Chinesischen Gartens befand, begann sie wieder zu sprechen:

«Karin, nicht so, etwas höher, ja, so ... Nein, nein, legen wir ihn hinter die kleinen Tannen ... Heul nicht so, er ist es nicht wert. Er hat dich und die Kinder lange genug tyrannisiert ... Überleg einmal, was er noch alles hätte anrichten können ... Pass auf, der Ast. Gut, halt, da ist es ideal, weit genug von der Strasse weg ... Selbstverständlich, ich auch, aber wir fahren weiter nach Hinterwies, von da aus nach Zürich ins Kino ... Hätte ich nicht an deiner Stelle ... Spuren? Wir müssen nur noch die Plastikplane entsorgen, alle Kleider waschen ... Nein, nein ... keine Sorge ... Zum Glück ist Irma in den Ferien ... Nein, sei doch zuversichtlich ... Die Briefe hast du in die Schachtel gelegt, gut ... Natürlich nicht, du hast ja immer Handschuhe angehabt ... Nein, ich sehe auch niemanden, gib Gas!»

Ich war vollkommen irritiert. Das hörte sich an wie der Dialog aus einem Kriminalroman oder einem Abendkrimi. Alle im Bus hatten es gehört. Hatten sie es gehört, oder nur das allmorgendliche Rauschen des schwatzenden Bergbachs? Ich blickte mich um. Niemand schien von dem Gesprächsfragment Notiz zu nehmen. Was war da geschehen? War in der Realität etwas geschehen von dem, was sich im Selbstgespräch offenbarte oder ankündigte? Welchen Stellenwert hatten die seltsamen Selbstgespräche überhaupt? Hatten sie als richtige Dialoge je stattgefunden? Waren es Reminiszenzen wirklich geführter Gespräche oder vorweggenommene Dialoge, in denen sich die Frau im Bus rhetorischen Schliff gab? Kannte die Frau Ralf und Karin Amgarten überhaupt, oder wollte sie mit den Gesprächen Anteil nehmen an einem Leben, zu dem ihr der Zugang verschlossen war, das sie gewissermassen neu erfand? Waren die Amgartens womöglich eine ganz normale und zufriedene Familie? Ich wusste es nicht. Noch nicht.

Drei Tage später las ich in der Zeitung, dass ein Hundebesitzer den Pfarrer von Zumikon tot im Wald gefunden habe, vergiftet. Mein Herz blieb beinahe stehen, denn sofort erinnerte ich mich an den halb realen, halb imaginären Dialog. Es wurde mir schlagartig bewusst, dass ich die Täterin oder wenigstens die Mittäterin wahrscheinlich identifizieren konnte. Die Selbstgespräche waren das Echo von wirklich geführten Dialogen, das war für mich nun klar. Und ich hatte den entscheidenden, verräterischen Dialog mitverfolgt! Sollte ich zur Polizei gehen? Ich entschloss mich, abzuwarten und zu sehen, was die laufenden Ermittlungen ergeben würden.

Einige Tage später war der Fall wieder in der Presse. Die Polizei hatte einen anonymen Anruf aus der Pädophilenszene erhalten, war dem Hinweis nachgegangen und hatte im Büro des ermordeten Pfarrers eine Schachtel mit belastendem Material gefunden. Durch eine Indiskretion war die Sache an die Presse gelangt. Es stand fest, dass Ralf Amgarten ein Pädophiler gewesen war. Im Büro gefundene Briefe mit ausgeschnittenen Buchstaben aus Magazinen legten die Vermutung nahe, dass man ihn erpresst hatte. Ein Briefentwurf, der im amgartenschen Computer abgespeichert war, erhärtete den Verdacht, dass Ralf Amgarten daran war, den Zürcher Pädophilenring, dem er selbst angehört hatte, auffliegen zu lassen. Damit schien das Mordmotiv klar. Die Drahtzieher waren in Panik geraten und hatten Amgarten umbringen lassen. Alles wies darauf hin. Alles? Wäre da nicht das Selbstgespräch, dessen Zeuge ich vor einer Woche geworden war. Ich entschloss mich, etwas sehr Ungewöhnliches zu tun. Ich würde Frau Amgarten aufsuchen und sie zur Rede stellen.

Am nächsten Tag öffnete mir die Witwe des Pfarrers die schwere Eichentür ihres Hauses. Frau Amgarten war eine attraktive Frau, die ihr kastanienbraunes Haar offen trug und mich mit blauen Augen fragend ansah. Ich nahm allen Mut zusammen und sagte ihr gleich gerade heraus, dass sie und ihre Freundin Ralf Amgarten umgebracht hätten. Ich sei Zeuge ihrer Unterhaltung im Wald gewesen, indirekt, verstehe sich. Mein Herz schlug bis zum Hals.

Karin Amgarten lächelte verschleiert. Sie schien weder schockiert über meine Aussage noch verängstigt. Sie bat mich in ihr Wohnzimmer. Ganz ruhig begann sie zu erzählen. Sie erzählte mir von den letzten Jahren mit Ralf, von seiner Misslaunigkeit, seinem Unvermögen, den Kindern einen inneren Halt zu vermitteln; von den seelischen Qualen, die er der Familie zugefügt hatte; vom schrecklichen Verdacht, als sie eines Tages in seiner Post einen Prospekt pädophilen Inhalts aus Schweden gefunden hatte; von den Zweifeln und zuletzt von der fürchterlichen Gewissheit, als sie die Schachtel gefunden hatte, die pornografisches Material der übelsten Sorte enthielt. Dann sei ihr auch klar geworden, wie die Weiterbildungsreise in den Fernen Osten ausgesehen hatte, die angeblichen Tagungen in Amsterdam und Stockholm. Und als sie den Anruf einer Mutter erhalten habe, die behauptete, der Herr Pfarrer habe ihren Sohn unsittlich angefasst, mehr sogar ... Nein, sie habe es einfach nicht mehr ausgehalten!

Ich fühlte mich plötzlich verunsichert. Kleinlaut machte ich sie darauf aufmerksam, dass ein Mord trotzdem ein Mord bleibe. Karin Amgartens Augen blitzten. Sie setzte sich gerade hin und sagte:

«Ich habe mit meiner Schilderung nicht zugegeben, meinen Mann umgebracht zu haben.»

«Aber die Indizien, die auf die pädophile Verschwörung deuten, sind doch allesamt von Ihnen gefälscht worden», gab ich ihr zu verstehen.

«Wenn Sie mich und meine Freundin anzeigen wollen, kann ich Sie nicht daran hindern. Aber wird man Ihnen glauben, diese Geschichte mit dem Selbstgespräch? Wollen Sie meine Freundin nochmals in die Mühle der Justiz werfen? Wollen Sie, dass es ihr wieder schlechter geht, nachdem sie sich endlich ein wenig gefangen hat, ja sichtlich aufblüht? Sie hat schon genug gelitten. Mit zwölf Jahren wurde sie von ihrem Vater zum ersten Mal auf brutalste Weise missbraucht und noch jahrelang sexuell ausgebeutet. Seither leidet sie an einem schweren Trauma, das sich in ihren unkontrollierbaren Selbstgesprächen äussert. Sie war jahrelang in psychiatrischer Behandlung. Die abstruse Version, die Sie der Polizei zu Protokoll geben würden, könnte nur beweisen, dass meine Freundin in der Phantasie Rache an ihrem Vater genommen hat; und da dieser unterdessen gestorben ist, ersatzweise an Ralf Amgarten, dem pädophilen Pfarrer, dem sie selbst jahrelang Vertrauen geschenkt hat. Im Übrigen haben wir ein Alibi für die Tatzeit.»

«Ich weiss, Sie waren in Zürich im Kino», sagte ich leise. Wir schwiegen beide eine ganze Weile. Dann stand ich auf und verabschiedete mich von Frau Amgarten, ohne das Thema nochmals aufzugreifen. Ich wünschte ihr und ihrer Freundin alles Gute, ebenfalls Seraina und Stefan. Betreten und grübelnd ging ich zur Haltestelle und nahm den Bus bis zum Bellevue. Als ich ausstieg, fiel mein Blick nochmals auf den Platz, wo Karin Amgartens Freundin jeweils sass.

LEICHENMAHL

Er war es leid, dem grossen Geld und einem Happy End nachzuhecheln, das es im Leben nie so gab, wie Hollywood-Filme es vorgaukelten. Aber die Verachtung für den Mammon und die verlorenen Illusionen über eine alles entscheidende Schicksalswende waren nur der fadenscheinige Versuch, seine Erfolglosigkeit im Leben zu rechtfertigen. Arno Magerhubel, Buchdrucker österreichischer Herkunft, der in einer der letzten spottbilligen Wohnungen des ursprünglichen Bohèmequartiers von Zürich wohnte, war seit zwei Jahren ausgesteuert, lebte von der Fürsorge und skurrilen Gelegenheitsjobs, die vom Ausführen von Siamkatzen bis zum Vorlesen in Altersheimen reichten. Magerhubel, der in seiner Jugend Schauspieler hatte werden wollen, hatte die Liebe für das Theatralische auch mit über vierzig nicht verloren, suchte immer wieder kleine Auftritte in einem Leben ohne viel Zukunft, Inszenierungen in der Welt jener, die es geschafft hatten, sich in der bürgerlichen Gesellschaft Geltung zu verschaffen. Wann immer es sich Magerhubel leisten konnte, besuchte er Theateraufführungen. Spätnachts mimte er dann vor dem Spiegel selbstverliebt die Helden klassischer Stücke. Und da er ein musikalisches Gehör besass, war es ihm auch ein Leichtes, verschiedene Dialekte und Tonfälle nachzuahmen.

Sein Name entsprach in keiner Weise seinem Äusseren. Magerhubel war nämlich rundlich und von milchigem Fleisch. Dennoch besass er eine geistige wie körperliche Agilität, die ihm auf den ersten Blick niemand zugetraut hätte, und liess sich von den Kalamitäten des Schicksals nicht zu Boden drücken. Von seinem Onkel Theobald in Graz hatte er als Einziges einen schmucken schwarzen Zweireiher geerbt. Andere in Magerhubels Lage hätten ein solches Kleidungsstück gleich in den Secondhand-Laden gebracht und den Erblasser ob dessen Knauserigkeit in die Hölle verwünscht. Nicht so Magerhubel. Er freute sich über das Erbstück wie ein kleiner Junge über eine Modelleisenbahn. Denn mit dem guten Stück, seinem Charme und seiner nicht unedlen Physiognomie konnte er sich in kürzester Zeit in eine Gestalt verwandeln, die allseits Respekt einflösste. Dieser Wirkung war er sich bewusst und liess es sich nicht nehmen, von ihr zu profitieren.

Jeweils am Morgen um acht Uhr führte ihn sein erster Gang durch die Gassen des Niederdorfs und über die Rudolf-Brun-Brücke zum Münsterplatz, wo er im Café Presseclub seinen Morgenkaffee bestellte und mit wachen Augen sämtliche Tageszeitungen durchblätterte. Nach einer Stunde wusste er über die wichtigsten Ereignisse Bescheid und wandte sich dem für ihn substanzielleren Teil der Nachrichten zu: den Todesanzeigen. Sorgfältig trug er alle Abdankungstermine in ein kleines schwarzes Büchlein ein, vermerkte Namen, Vornamen, Geburts- und Todesdatum der oder des Verblichenen und alle zusätzlichen Informationen wie Spitznamen, Titel, Beruf, Vereins- oder Stiftungszugehörigkeiten und Firmennamen. Wenn es sich um Stadtprominenz handelte, suchte er auch nach den einschlägigen Nachrufen in der *Neuen Zürcher Zeitung* und den Lokalblättern. Versehen mit diesem Rüstzeug, plante er jeweils den nächsten Tag. Er achtete darauf, dass er jeden Tag mindestens an zwei Beerdigungen teilnehmen konnte. Erfahrungsgemäss – und Magerhubels Erfahrung in diesen Dingen war profund – gab es in der Stadt und der näheren Umgebung am Mittag und am späteren Nachmittag ein Leichenmahl. Wenn es möglich war, versuchte Magerhubel einmal am Tag an der Beerdigung einer gesellschaftlich gewichtigen Persönlichkeit teilzunehmen, wohl wissend, dass der Speisezettel da reichhaltiger war. Beisetzungen von Unfallopfern, Drogentoten oder gar Kindern mied er, denn solche Anlässe verschlugen ihm den Appetit. Bei älteren Menschen war das – bis auf unvorhersehbare Ausnahmen – ganz anders. Die Trauer fiel meist schon nach dem Amen des Pfarrers von den meisten Anwesenden ab, man gönnte sich vor der Kirche eine Zigarette, befragte die fernen Verwandten pflichtgetreu nach ihrem Wohlergehen und freute sich auf den Leichenschmaus, der einen für die vorhergegangene Trauerarbeit entschädigte.

An diesem frischen, aber sonnigen Morgen hatte Magerhubel den nächsten Tag bereits um neun Uhr dreissig vollständig geplant, rief nach der Bedienung und machte noch einen Altstadtbummel. Heute Morgen war eine Veranstaltung, die man als beachtlich bezeichnen konnte. Es war die Beisetzung von Wilhelm Hebeisen-Grebel, emeritierter Professor für Romanistik, Rotarier und Verwaltungsrat einer Grossbank. Die Beerdigung fand auf dem Friedhof Enzenbühl statt, Magerhubels Lieblingsfriedhof, ein intimer und romantischer Park, den er bei weitem der pompösen monolithischen Architektur des Nordfriedhofs vorzog.

Der Predigt des Pfarrers konnte Magerhubel nur wenig abgewinnen. Der Lebenslauf war die gewohnte Sauce, eine üble Mischung aus reinen Daten und Allgemeinplätzen der verklärenden Art. Erst die Abkündigung war interessant. Die zahlreich erschienenen Angehörigen und Universitätskollegen wurden zu einem einfachen Mahl ins Zunfthaus zur Meise eingeladen. Schön, dachte der Feinschmecker, das ist eine gute Adresse, gediegene Atmosphäre, privater Service.

Schweigend, mit gesenktem Haupt und hüstelnd trat er in den grossen Saal im ersten Stock des vornehmen Zunfthauses an der Limmat, wo schon etliche Leute mit Gläsern herumstanden. Sollte er die Masche mit dem Neffen zweiten Grades aus Sankt Pölten versuchen? Nein, die war unterdessen für ihn doch etwas langweilig geworden, der Familientour haftete auch etwas Peinliches an, ein Hauch von Ärmlichkeit und Erbschleicherei; er würde heute etwas Neues probieren. Das Glas Weisswein muss noch etwas warten, dachte er, zuerst die Arbeit, dann das Vergnügen, und ging zur Witwe des Verstorbenen, um ihr zu kondolieren: «Geschätzte Frau Hebeisen, darf ich Ihnen mein tiefes Beileid aussprechen und in dieser schweren Stunde die Unschicklichkeit begehen, mich vorstellen: Doktor Grundelmeyer. Ich war vor achtzehn Jahren Assistent bei Ihrem Gatten, habe bei ihm promoviert über das Schnee-Motiv in der französischen Literatur des siebzehnten Jahrhunderts. Der Professor war ein so wundervoller Lehrer, einfühlsam, beseelt von tiefer Humanität und ungemein genial, was die Interpretation betraf. Ich erinnere mich mit Rührung daran, wie er mich anlässlich der Feier meines Doktorats zu einem Bratwurst-Teller in die Kronenhalle eingeladen hat; wir sassen unter dem Braque … Ach, welch erhabene Stunde! Verzeihen Sie …», und Magerhubel schob die Spitze seines frisch gebügelten Taschentuchs unter den Rand seiner schwarzen Brille. Tatsächlich musste er eine Träne verdrücken, da ihn seine eigenen Worte und sein Talent zur Verstellung selbst rührten. «Sie finden es vielleicht unverschämt», fuhr er fort, «wenn ich gewagt habe, mich diesem erlauchten Trauerkreis anzuschliessen, denn ich gehöre wahrhaft nicht zur Familie, nur zur ideellen Familie all der unzähligen Verehrer Ihres zu früh dahingeschiedenen Gatten.»

«Aber nein, lieber Herr Doktor, selbstverständlich gehören Sie dazu», versicherte Frau Hebeisen-Grebel ergriffen und drückte beinahe mitleidvoll die schlaffe Hand des vermeintlichen Romanisten, der mit gespielter Verlegenheit und roten Bäckchen in seinen Saint Saphorin blickte.

Das Menü des Leidmahls war vorzüglich: Melone mit

Bündner Rohschinken, Kalbsmedaillon an Morchelsauce und jungen Kefen, Vanilleeis mit heissen Waldbeeren und danach Kaffee und ausgesuchte Schnäpse; alles andere als einfach, wie es angekündigt worden war. Magerhubel war mit der Abdankung Hebeisen sehr zufrieden und malte verstohlen drei Sterne in sein Büchlein. Um halb zwei verabschiedete er sich von der Witwe und fuhr mit der Bahn nach Thalwil, wo bereits um halb drei die nächste Beerdigung stattfand.

Leo Haag-Streuli war nur Beamter gewesen, aber Magerhubel hatte mit Leichenmählern beamteter Staatsdiener nur die besten Erfahrungen gemacht. Nach dem Gottesdienst drückte er sich mit distinguierter Leichenbittermiene um den Kreis der Angehörigen herum und wurde prompt von einem jungen Mann angesprochen.

«O ja», sagte Magerhubel und versuchte, einen möglichst langsamen und vertrauenserweckenden Berner Tonfall zu imitieren, «natürlich, Sie sind der Sohn des Verstorbenen. Gestatten: von Guntern. Ihr Vater hat mir viel von Ihnen erzählt. Wir waren zusammen im Kegelclub, gingen ab und zu am Pfäffikersee angeln.»

«Angeln? Ich wusste gar nicht, dass mein Vater geangelt hat», entgegnete Rudolf, der schmächtig geratene Sohn des Verstorbenen, überrascht und mit einem misstrauischen Zucken um die Augen.

«Selbstverständlich konnten Sie davon nichts wissen, weil Ihr verehrter Vater diese sporadischen Ausflüge in Petri Reich den Seinigen verschweigen wollte; er sprach nie über die Gründe …»

«Ich könnte mir die Gründe ohne weiteres vorstellen, verehrter Herr von Guntern», und bei diesen Worten hellte sich die Miene von Rudolf Hebeisen wieder auf, «meine Mutter ist sehr tierliebend und hätte den Gedanken, dass mein Vater Fische fängt, nicht ertragen. Darf ich Sie zu unserm bescheidenen Leichenmahl einladen. Es wäre mir eine Ehre, einen ehemaligen Sportkollegen meines Vaters bewirten zu dürfen.» Magerhubel alias von Guntern wand sich gekonnt die obligaten zehn Sekunden lang und sagte dann unter Dankbezeugungen zu. Das Essen war zwar nicht so üppig wie am Mittag, aber der kundige Bestattungstourist auch nicht mehr allzu hungrig. Es gab einen Walliser Teller, frische Brötchen und einen erfrischenden Zürcher Landwein; danach Erdbeeren, Kaffee und zweitklassigen Schnaps. Magerhubel machte auf der Toilette zwei Sterne in sein Büchlein und verabschiedete sich am Abend von den am Tisch sitzenden Leuten, die er aufs Beste mit Anekdoten aus dem Büroalltag des Verblichenen unterhalten hatte. Keiner konnte sich an den witzigen Zeitgenossen erinnern, aber niemand mochte das vor den anderen zugeben.

Am nächsten Mittag war Fingerspitzengefühl gefragt. Bei der Verstorbenen handelte es sich um Lenore Bachofen-Amstutz, Verwaltungsratspräsidentin der TuricAir, ehemalige Medienschaffende und Mäzenin bedeutender Schweizer Künstler. Sie hatte in einer neugotischen Villa gewohnt, die Magerhubel zufälligerweise vom Keller bis zum Boden kannte, weil er einmal das zweifelhafte Vergnügen gehabt hatte, die Enkel der Verstorbenen zu hüten. Zur Beerdigung wurde viel Prominenz erwartet.

Magerhubel hatte sein schönstes Hemd und seine beste Krawatte angezogen. Als die Trauergemeinde sich vor dem Grand Hotel Dolder zum Leichenmahl versammelte, setzte er das würdigste Gesicht auf, das seiner Physiognomie zur Verfügung stand. Im Foyer sah er zu seiner Überraschung Jenny Wahnberg, die ebenso schöne wie kluge Fernsehmoderatorin aus Deutschland, die gerade mit dem berühmten Tenor Hans-Dieter Umbra sprach. Er schlenderte zu den beiden hin.

«Verzeihung, Frau Wahnberg, wenn ich störe», sagte Magerhubel in leicht preussisch gefärbtem Deutsch, «aber Ihre gestrige Sendung über die Magersucht bei Sportlerinnen war wieder einmal ganz *hors concours*, eine Offenbarung gleichsam, paradigmatisch für erspriessliche Fernsehinformation. Verzeihung, habe mich noch gar nicht vorgestellt: Bodo Graf von Ilmenstein, seit dreissig Jahren helvetisiert, ein alter Freund der guten Lenore. Grässlich, ihr Ableben, finden Sie nicht auch?»

Frau Wahnberg fand es natürlich auch grässlich und bedankte sich für das Kompliment.

«Und was machen Sie beruflich, verehrter Graf?», fragte Umbra, sichtlich gestört durch den aufdringlichen Gast.

«Oh, mal dies, mal das», antwortete Magerhubel alias Graf von Ilmenstein, verschmitzt lächelnd, «im Hauptberuf – wenn man einer wenig lukrativen Beschäftigung so sagen darf – bin ich Privatgelehrter; Maya-Inschriften der mittleren Periode. Lebe sehr zurückgezogen. Verachte das ganze Jetgesette, diese grassierende Oberflächlichkeit, bei der jeder jedem etwas vorgaukelt; führe lieber inkognito Siamkatzen aus oder lese in Altenheimen deutsche Klassiker vor.» Jenny Wahnberg lachte. Der verrückte Graf war ihr irgendwie sympathisch.

«Und Sie waren also ein Freund der Verstorbenen?», fragte sie, neugierig geworden.

«Tja, ein sehr naher Freund; wir haben zusammen Musik gehört in der Villa zum Flieder, in den oberen Gemächern. Sie kennen sicher das wunderschöne Musikzimmer mit der hervorragenden Stereoanlage. Ich bin nebenbei Musikwissenschaftler, müssen Sie wissen, und versuchte Lenore in die Geheimnisse der Zwölftonmusik und der seriellen Quantendiatonik einzuweihen.»

Serielle Quantendiatonik, noch nie gehört, dachte der Startenor, der jedoch zustimmend nickte. Frau Wahnberg, der die serielle Quantendiatonik auch nichts sagte, bog das Gespräch geschickt auf weniger Kopflastiges um. Die Unterhaltung, von der sich Umbra nach einiger Zeit mit divenhaft gerümpfter Nase entfernte, dauerte auch während des Essens an, bis man um vier Uhr nachmittags aufbrach.

Magerhubel machte in der Strassenbahn fünf Sterne in sein Büchlein: die Höchstnote. Kein Wunder, nach einer Symphonie aus Fois gras, Hummer, Lammcarré, Wachteln, Zimtsorbet, Käseplatte und einem ausführlichen Kaffee mit Friandises, Grappa, Cognac und Havannas. Der ausgesteuerte Buchdrucker war mit dem Leichenmahl ausserordentlich zufrieden, nicht nur mit der Verpflegung, sondern auch mit der menschlichen Betreuung. Frau Wahnberg hatte ihm bei der Verabschiedung ihre Visitenkarte zugesteckt. Falls er die charmante Fernsehansagerin je anrufen würde, für die er fast schon Feuer gefangen hatte, musste er natürlich wissen, wer er selbst war. So schrieb er vorsichtshalber «Bodo Graf von Ilmenstein» auf die Rückseite. Bisher hatte er nie mit einer Person Kontakt aufgenommen, die er bei einer funeralen Exkursion kennen gelernt hatte; ja, er hatte es sich geradewegs zum Prinzip gemacht, Arbeit und Privatleben strikt zu trennen. Auch die gut aussehende Moderatorin schien ihm nach einiger Überlegung nicht das Wagnis wert, sein Prinzip zu durchbrechen und sich in die Abgründe zwischenmenschlicher Verwicklungen zu stürzen. So warf er spät nachts die Visitenkarte von Jenny Wahnberg in den Papierkorb. Sicher war sicher, und schliesslich war jedes Leichenmahl Lohn der Mühe genug.

Am nächsten Morgen schlug Magerhubel im Presseclub wie immer Punkt acht die Zeitung auf.

KATZE

DIE MEERKATZE

Immer, wenn ich meine Bibliothek neu organisiere und auf das Buch *Die Toten kommen zurück* von Wade Davis stosse, werde ich an meine Reise nach Barbados erinnert. Es war Mitte der siebziger Jahre, als auf dem birnenförmigen Eiland immer noch Errol Barrow als Premier amtierte, welcher die Barbadier in die Unabhängigkeit geführt hatte. Barbadier? So heissen nach Duden die Einwohner von Barbados. Aber man findet in *sehr* deutschen Büchern auch den Ausdruck «Barbadenser», über den ich mich immer sehr amüsiert habe. Ganz abwegig ist diese Bezeichnung, die an die strebsamen Badenser erinnert, nicht, da doch die Insel – um 160 Kilometer aus dem Antillenbogen ausscherend – in wirtschaftlicher wie pädagogischer Hinsicht ein Musterländle ist, oder es wenigstens war, bis die Weltrezession in den achtziger Jahren den Traum vom irdischen Paradies sich verflüchtigen liess. Ich jedoch spreche lieber von Bajans. Es ist die Bezeichnung, die sich die mehrheitlich schwarzen Insulaner selber geben. Der sanfte Klang von «Bajan» – «Beidschen» gesprochen – passt viel besser zum weichen Englisch der Nachfahren afrikanischer Sklaven, die im siebzehnten Jahrhundert auf die grüne Insel verschleppt wurden.

Aber zurück zu meinem Aufenthalt auf diesem von Gott gesegneten Fleckchen Erde, einem Aufenthalt, der nun schon über zwanzig Jahre zurückliegt. Damals war ich noch Student und konnte mir eine Karibikreise eigentlich gar nicht leisten. Aber meine Mutter hatte mich zu einem Familienurlaub eingeladen, zusammen mit Schwester, Schwager und dem Neffen Mario. Am Tag vor Weihnachten, mitten in der Hochsaison, flog ich zum fernen Archipel, gut vorbereitet wie immer, wenn ich eine Reise mache. Wir logierten im modernen Hilton-Hotel, das am Needham's Point in der lebhaften Hauptstadt Bridgetown liegt. Ein weisser Sandstrand empfing uns, wo wir bereits am Weihnachtstag im warmen Wasser badeten. Aber schon nach zwei Tagen war ich des Nichtstuns am Strand überdrüssig. Ich blieb zunächst im Hotel und versuchte, die angebotenen Spielmöglichkeiten zu nutzen. Mit einem Koch aus Vancouver, der seinen Urlaub ebenfalls im Hilton verbrachte, wollte ich eine Partie Billard spielen. Doch schon nach zehn Minuten erschien ein selbstbewusstes und vorlautes amerikanisches Mädchen am Tisch und griff sich einen Queue. Die kleine Nervensäge fuchtelte damit derart gefährlich herum, dass wir nach einigen unpädagogischen Wegweisungs- und Bestechungsversuchen – selbst das Versprechen, ihr bei einem Waffenstillstand ein Eis zu spendieren, fruchtete nichts – den Billardtisch räumten und die kleine Hexe schliesslich entnervt verliessen. Wie es Hotels eben so an sich haben: Die andern sind meist schon da, wo man selbst hinwill. Auf jeden Fall war mir die künstliche Atmosphäre des touristischen Biotops am Abend des Stephanstags gründlich verleidet.

In der Nacht hatte ich eine glänzende Idee: Wir könnten am nächsten Tag einen Wagen mieten, um damit die Insel zu erkunden. Am folgenden Morgen stellte sich heraus, dass ich nicht der Einzige war, der an eine solche Abwechslung gedacht hatte. Mein Schwager, der immer gerne alles bis ins Letzte organisierte, verkündete beim opulenten Frühstück, man werde heute Sam Lord's Castle und Andromeda Gardens besuchen. Turner's Hall Woods und die Animal-Flower-Höhle am nördlichsten Punkt der Insel würden dann am nächsten Tag auf dem Programm stehen. So reissbrettmässig organisiert hatte ich mir zwar meine Erkundungen nicht vorgestellt, aber Hauptsache war, ich würde endlich etwas von Land und Leuten sehen, wie man so schön sagt.

Wir waren alle fasziniert vom speziellen Charakter der barbadischen Kulturlandschaft, die laut Reiseführer der englischen Grafschaft Surrey gleicht und der Insel auch den Namen «Little England» eingetragen hatte. Überall, wenigstens in den flacheren Gebieten, wuchs Zuckerrohr, ehemals das süsse Gold der Insel. Mir fiel auf, dass die Böden auf den Hügeln rot, diejenigen weiter unten hingegen schwarz waren. Im Gegensatz zu den anderen Antilleninseln ist Barbados nicht vulkanischen Ursprungs, sondern als Ablagerung von toten Korallen ein riesiger Friedhof von einst wunderschönen Lebewesen. Im Westen der Insel erstreckt sich ein einförmiges karstiges Kalkplateau mit Trockentälern und Dolinen, im Osten das stark zertalte Gelände des Scotland-Distrikts. Was mir bei unsern Ausflügen auf der eigentlich sehr kleinen Insel besonders auffiel, war die Qualität des engmaschigen Strassennetzes. Fast alle 500 bis 700 Meter zweigte eine Querverbindung von der Strasse ab. Alle Hauptverbindungen waren asphaltiert.

Nach zwei Tagen straff organisierter Ausflüge beschloss ich, mich selbstständig zu machen und auf dem Highway 2A im Hinterland der sogenannten Platinküste nach Speightstown zu fahren. Am Morgen war ich geschwommen und angenehm abgekühlt, mittags fuhr ich an die Baxter's Road, um richtigen *Bajan food* zu mir zu nehmen. In einem bunt bemalten Restaurant, wo hauptsächlich Einheimische verkehrten, ass ich *flying fish* und *conkie,* eine im Bananenblatt gedämpfte Masse aus Maismehl, Süsskartoffeln und Kürbis. Es war ein besonders heisser Tag, der Passat hatte ausgesetzt, sodass die Luft zu flimmern begann. Ich beging den kapitalen Fehler, einen Daiquiri zu trinken. Zum Nachtisch gab es einen Fruchtsalat, der auch noch tüchtig mit Rum versetzt war. Schon beim Aufstehen vom Tisch erfasste mich ein leichter Schwindel.

Es war die heisseste Zeit des Tages, als ich mit meinem Mietwagen Bridgetown verliess. Ich spürte den Alkohol und nahm mir vor, langsam zu fahren. Die Scheiben kurbelte ich alle nach unten, um wenigstens etwas Fahrtwind zu erhaschen. Neben mir lag meine Strassenkarte. Nach Speightstown würden es höchstens 20 Kilometer sein. Bei Cave Hill bog ich in den Gordon Cummin Highway ein, der weiter nördlich als Highway 2A bezeichnet wurde. Es war drückend heiss – heiss und feucht. Die Sonne bebrütete die Zuckerrohrplantagen, durch welche die ziemlich genau nach Norden führende Strasse gelegt worden war. Eine Buntfliege summste um meinen Kopf herum, der immer schwerer wurde. Kurz nach Bridgetown war der Verkehr auf der 2A ebenso unheimlich plötzlich versiegt wie die seltenen Rinnsale auf diesem karstigen Boden. Ich fühlte mich unendlich müde. Weshalb hatte ich bloss diesen Daiquiri getrunken? Rechts erkannte ich nun die Tafel, die das Bagatelle Great House ankündigte, wo wir zwei Tage zuvor bei Kerzenschein diniert hatten. Jetzt war kein Mensch zu sehen. Trotzdem war ich gezwungen, eine Vollbremsung vorzunehmen. Eine Meerkatze war von rechts über die Strasse getrottet, ohne sich um das merkwürdige blaue Gefährt zu kümmern. Eine Meerkatze, überlegte ich, eine Meerkatze? Lebte dieses in Gruppen vorkommende Tier laut Reiseführer nicht auf den bewaldeten Höhen der Insel und im Osten derselben? Weshalb hatte sich ein einzelnes Tier hierher verirrt? Durch die Vollbremsung hatte der Motor ausgesetzt, und ich stand mitten auf der Strasse, ohne es richtig wahrzunehmen. Meerkatzen, Moment mal, wo gab es denn schon wieder Meerkatzen? Ach ja, in der Walpurgisnacht in Goethes *Faust*. War die Meerkatze nicht ein Hexentier?

Hexen? Die kleine Hexe im Hotel, natürlich. Vielleicht lief die Meerkatze zu ihr, zu diesem Kind mit den verdorbenen Augen und dem Queue in der Hand, mit dem es den Zaubertrank anrührte ...

Ich gab mir innerlich einen Stoss, aber es nützte so gut wie nichts. Ich taugte zu nichts mehr. Es wäre reiner Selbstmord gewesen, in diesem Zustand weiterzufahren. Ich schaute auf die Karte. Nach ungefähr anderthalb Kilometern musste linkerhand die anglikanische Kirche Saint Thomas auftauchen. In einer Kirche war es nach meiner Erfahrung meist kühler als draussen; vielleicht konnte ich mich für eine Stunde auf eine Bank legen, bis die Wirkung des Daiquiri nachliess. Tatsächlich erschien schon bald die architektonisch wenig ansprechende Kirche. Sie stand zwischen einem Bachbett und dem Highway 1A, der nach dem nahen Holetown an der Westküste führte.

Ich parkte meinen Wagen in der Nähe der Kirche, nahm rechts am Horizont den Gipfel des Mount Hillaby wahr und wankte, von Sonne und Alkohol ermüdet, auf das Portal zu. Hoffentlich ist die Kirche nicht verschlossen, dachte ich. Zu meiner Erleichterung liess sich die Holztür mühelos aufstossen. Ich trat in einen schmucklosen Innenraum mit schweren Bänken, die so gar nicht zur Leichtigkeit des barbadischen Seins passen wollten. Ich suchte einen Platz, um mich hinzulegen, und kam dabei zum Altar, auf dem etwas Schwarzes lag. Ein Buch? Nein, es war eine dicke Agenda, wie sie Manager mit sich zu tragen pflegen. Wer vergass bloss seine Agenda auf einem Altar? Hier vorne konnte ich mich unmöglich hinlegen. Wie würde das aussehen, wenn ein Gläubiger die Kirche besuchen kam? Sicher würde er furchtbar erschrecken. Da sah ich die Empore. Dieses Oberdeck schien mir wie geschaffen für ein kleines Nickerchen. Ich zog mich langsam am Geländer zur Empore hoch und legte mich auf die hintere Bankreihe. Kurz darauf muss ich eingeschlafen sein.

Tam-ta-ta-ta-tatata, tam-ta-ta-ta-tatata ...

Von weit weg drang ein scharfer Rhythmus an mein Ohr. Mein Puls schien ihn bereits übernommen zu haben. Als ich die Augen öffnete, lag ich im Dämmerlicht, umgeben von Trommelklängen und einem merkwürdigen Geruch, den ich nirgends einordnen konnte. Benommen und zugleich beunruhigt hob ich meinen Oberkörper und blickte in den Kirchenraum hinunter. Was ich dort sah, liess mich erschauern. Überall brannten Kerzen. Um den Altar sassen einige weiss bemalte Einheimische, die wie in Trance auf ihre Trommeln einhieben. Die Kirchenbänke waren gefüllt mit einer hin- und herwippenden Gemeinde klatschender Bajans. Der Altar zeigte sich geschmückt mit merkwürdigen Dingen. Ich konnte nicht alles erkennen, aber einiges ganz genau: einen Totenschädel, eine Puppe mit einem roten Kopftuch, verschiedene mit Bast umwickelte Flaschen, einen Kerzenständer, in dem Knochen staken, einen lachenden Buddha, einen hölzernen Phallus und ein Marienbild.

Mein Gott!, durchfuhr es mich, ich war drauf und dran, ungewollt Zeuge eines synkretistischen Kults zu werden – Voodoo! Erst jetzt nahm ich weitere Einzelheiten wahr. Vor dem Altar stand ein schwarzer, mit Blumen geschmückter Sarg. In einem Holzkäfig flatterte ein Huhn. Nun schritt durch den Mittelgang ein hoch aufgerichteter Mann nach vorn, der Smoking und Zylinder trug und seine Schultern affektiert nach hinten drückte. Mit den gespreizten Fingern der rechten Hand liess er geschickt einen Stock durch die Luft wirbeln. Der elfenbeinerne Knauf des Stockes verlieh dem Mann etwas Dandyhaftes.

Ich hatte einmal einen Zeitungsartikel über Voodoo gelesen, darum wusste ich sogleich, wen diese Gestalt darstellte.

Es war Baron Samedi, der Herrscher der Unterwelt. Bisher war noch kein einziges Wort gefallen, aber jetzt drehte sich Baron Samedi um, präsentierte sein als Totenschädel bemaltes Gesicht und gab der immer stärker klatschenden Menge mit einer Trillerpfeife ein Zeichen. Ein schrilles Gelächter, das aus etwa hundert Kehlen erschallte, erfüllte den Kirchenraum. Ohne die Begleitung der Trommeln, doch unter Verbeugungen, Wippen und Knicksen begann die seltsame, farbig gekleidete Gemeinde in weichem Bajan-Englisch zu singen:

Ich diene dem Guten, ich diene dem Bösen,
wir dienen dem Guten, wir dienen dem Bösen,
Wayoo-oh! Wayoo-oh!
…

Den letzten Satz verstand ich nicht mehr, zu viele Silben waren verschluckt oder ineinander verschliffen. Baron Samedi streute Asche vor den Sarg und zeichnete mit seinem Stock etwas hinein. Die Menschen schrien auf, nachdem er mit einer brennenden Kerze das Aschenbild berührt hatte. Offenbar hatte er zuvor Schwarzpulver in die Asche gemischt, denn eine helle Stichflamme schoss in die Höhe. Mit was für billigen Taschenspielertricks liessen sich diese Menschen bloss beeindrucken, dachte ich. Wiederum stiess Baron Samedi in seine Trillerpfeife. Es entstand ein rhythmisches Murmeln, das sich zu Silben verdichtete und klang wie «Papa Guede», Gott des Todes. Draussen an den Fenstern klebte nun die Finsternis.

Baron Samedis Blick schien plötzlich einen Moment zur Empore hinaufzugleiten. Ich duckte mich rasch hinter die Rückenlehne der vordersten Bankreihe. Er konnte mich nicht gesehen haben, denn die Empore befand sich im Dunkeln, nur der vorderste Teil der Kirche war von den Kerzen erhellt.

Eine Peitsche schnalzte und ein zweites Lied folgte, das ich recht gut verstand, weil es die Bajans zweimal wiederholten:

Was wir hier sehen,
werde ich keinem sagen.
Wenn wir reden,
werden wir unsere Zunge verschlucken.

Erst jetzt schien das eigentliche Ritual zu beginnen, welches über zwei Stunden dauerte. Eine kräftige Alte mit drahtigen Sehnen tanzte sich vor dem Altar und um den Sarg in Trance, die ganze Gemeinde geriet unter Trommelgedröhn in Ekstase. Als die Frau vor Erschöpfung zusammengebrochen war, hielten Assistentinnen von Baron Samedi das zuckende Bündel fest, das nun begonnen hatte, unverständliche Worte zu stammeln. Der Voodoo-Priester übersetzte sie für die Anwesenden, aber diesmal verstand ich rein nichts. Während der nachfolgenden Zeremonie träufelte der bizarr agierende Baron mehrmals eine Flüssigkeit auf den Sarg, wahrscheinlich war es Rum. Dann öffneten die weiss gewandeten Assistentinnen den Sarg. Behände sprang eine Meerkatze heraus, erklomm blitzschnell Baron Samedi und setzte sich auf seine linke Schulter. Der Mann im Smoking bleckte vor Freude die Zähne und machte mit dem Knaufstock eine theatralische Geste. Der langschwänzige Halbaffe kreischte, keckerte und klopfte wild auf dem Zylinder herum.

Die Meerkatze! Nein, das musste ein blosser Zufall sein! Aber der Gedanke, dass es sich bei dem Tier um dasselbe handelte, das mir Stunden zuvor fast unter die Räder gelaufen war, verliess mich nicht mehr – und hat mich bis heute nicht verlassen.

Das Ende der Zeremonie bestand in der rituellen Schlachtung des Huhns, dessen Blut Baron Samedi unter dem markerschütternden Geschrei seiner Anhänger in den Sarg fliessen liess, bevor die Assistentinnen diesen wieder schlossen.

Dann ging alles sehr schnell. Wie auf ein geheimes Kommando verstummten die Trommeln. Vier stämmige, halbnackte Bajans trugen den Sarg aus der Kirche. Die Gegenstände auf dem Altar wurden weggeräumt, die Kerzen ausgeblasen. Nach kaum drei Minuten war die Kirche leer und dunkel. Erschöpft und voller Furcht legte ich mich auf meine Bank und wartete, bis das Geplapper vor der Kirche sich in der karibischen Nacht verzogen hatte. Abermals wartete ich, vielleicht eine ganze halbe Stunde, dann schlich ich mich aus der Kirche und rannte zu meinem Auto. Spätnachts erreichte ich das Hotel, wo mich meine Angehörigen, aufgelöst vor Angst, in die Arme schlossen.

Nachdem ich meine unglaubliche Geschichte in knappen Worten zusammengefasst hatte, sagte meine Schwester ernst:

«Du musst dich zuerst erholen. Morgen solltest du dich aber unbedingt mit einem Pfarrer in Bridgetown treffen und ihm von der unerhörten Entweihung des Gotteshauses Bericht erstatten.»

Wir gingen alle zu Bett, und ich sank bald in einen unruhigen Schlaf, in welchem mich die kreischende Meerkatze verfolgte.

Am nächsten Tag, dem Vortag unserer Abreise, setzte ich mich telefonisch mit der anglikanischen Kirchenleitung in Verbindung. Nach längerer Wartezeit meldete sich ein Reverend Wilson am Draht. Ich wollte nichts vorwegnehmen und sagte ihm nur, ich müsse ihn am Nachmittag dringend sprechen. Zu meiner Erleichterung hatte Wilson Zeit.

Das Kalksteinhaus an der Saint Michael's Row war im *Georgian Style* erbaut worden und von hängenden leuchtend roten Blumen umwachsen. Eine dicke Barbadenserin – wie ich wohl für einmal sagen muss – mit gestärkter weisser Schürze empfing mich und führte mich ins Innere des Hauses. In der

Halle wies sie mir einen Sessel an. Nach einigen Minuten trat aus einem Zimmer ein hagerer dunkelhäutiger Mann unbestimmbaren Alters und stellte sich als Reverend Wilson vor. Er hatte ein gütiges Gesicht, wache Augen und trug sein weisses krauses Haar kurz geschnitten. Mit britischer Höflichkeit führte er mich in ein geräumiges Arbeitszimmer, dessen Wände bis zur Decke von Bücherregalen verstellt waren.

Er bat mich, Platz zu nehmen. Dann passierte etwas völlig Unvorhersehbares. Als die Barbadenserin ein Tablett mit zwei Gläsern und einer Kristallkaraffe hereinbrachte, sagte der Reverend in fast akzentfreiem Deutsch:

«Ich hoffe, Sie mögen unser Mauby. Es ist ein populäres Erfrischungsgetränk aus Baumrindensud und Zucker, etwas bitter vielleicht, aber sehr wohltuend.»

Ich war verblüfft und gratulierte meinem Gastgeber zu seinem fabelhaften Deutsch.

«Nicht der Rede wert», sagte Wilson, «wenn man fünf Jahre in der Schweiz zugebracht hat, sollte man am Ende des Deutschen wirklich mächtig sein.»

Bevor ich sagen konnte, weshalb ich gekommen war, erzählte er mir in der dafür schicklichen Kürze von seiner Ausbildung am Jung-Institut in Küsnacht. Mein Gegenüber war also nicht nur Pfarrer, sondern auch ausgebildeter Psychotherapeut.

Nun bat mich der Reverend, ihm zu sagen, was ich auf dem Herzen hätte. Ich versuchte in möglichst grosser Ausführlichkeit zu schildern, was ich in Saint Thomas erlebt hatte.

Wilson hörte aufmerksam zu. Seine Miene verriet Anteilnahme, Verständnis und grossen Ernst. Als ich geendigt hatte, spreizte er die Finger, legte sie symmetrisch aufeinander und presste die beiden Zeigefinger gegen seine Lippen.

«Mein verehrter Freund», begann der Reverend, «ich bin froh, dass Sie zu mir gekommen sind. Als Pfarrer und Therapeut bin ich verpflichtet, über das, was Sie mir erzählt haben, zu schweigen wie ein Grab. Ich bin aber auch verpflichtet, Sie ganz ernst zu nehmen. Ich möchte Sie nicht kränken, aber ich muss Ihnen diese Frage stellen: Meinen Sie nicht, dass Sie das alles nur geträumt haben? Schliesslich sind Sie ja in der Kirche eingeschlafen.»

Ich verneinte vehement.

«Ich will Ihnen gerne glauben», sagte Wilson, «aber es gibt zwischen Himmel und Erde Dinge, die weder Traum noch Realität sind, und ich glaube, bei Ihrem Erlebnis handelt es sich um so etwas, gewissermassen ein Erlebnis im Zwischenreich der Wahrnehmungen.»

Ich gestand ihm, dass ich ihn nicht recht verstünde, und er hob zu einer längeren Ausführung an: «Lieber Freund, ich muss Ihnen jetzt drei Dinge sagen, die Sie vielleicht noch mehr verwirren werden als das, was Sie gestern erlebt haben. Das Erste betrifft die Religion auf Barbados. Es gibt hier weit über hundert christliche Kirchen und Sekten, Anglikaner, Katholiken, Quäker, Methodisten, Adventisten, Nazarener, Pfingstler, Baptisten, kurz: alles, was Sie sich nur vorstellen können. Es gibt natürlich auch Gruppierungen, die Elemente aus magischen Sklavenkulten wie Shango oder Pocomania übernommen haben. Aber Voodoo? Verstehen Sie, wir sind hier nicht auf Haiti. Der Bajan ist zivilisierter, aufgeklärter als der Haitianer. Selbstverständlich gibt es hier Geschichten von *duppies*, diesen wiedergängerischen Seelen. Selbstverständlich gibt es Spukgeschichten, wie etwa die von Oistins; Sie werden Sie aus den Reiseführern kennen. Selbstverständlich gibt es einige Anhänger von Voodoo hier, wo nicht! Aber die Möglichkeit, dass sich hundert Menschen auf Barbados in einer Kirche zu einer Voodoo-Zeremonie zusammenfinden – schon diese Möglichkeit ist undenkbar. Dazu kommt, dass sich Voodoosi nicht in Kirchen treffen. Missverstehen Sie mich nicht, ich zweifle nicht an Ihrer Ehrenhaftigkeit, aber ich muss

Ihnen dies alles im Interesse der Wahrheit sagen.

Das Zweite, was zu Ihrer gestrigen unangenehmen Erfahrung zu sagen ist, betrifft ein Phänomen, von dem Sie womöglich auch schon gehört haben. Es ist das Phänomen der Synchronizität, das nach den Gesetzen der Wahrscheinlichkeit fast unmögliche Eintreten einer Gleichzeitigkeit. Ich will nicht theoretisieren, sondern gleich auf den Punkt kommen. Sie wurden also gestern bei Einbruch der Dunkelheit Zeuge einer Voodoo-Zeremonie. Was Sie mir erzählt haben, entspricht eher den Klischees über Voodoo als der Wirklichkeit. Es gibt viele Bücher über Voodoo, aber die meisten sind unter Fachleuten umstritten. Ein solches Buch habe ich gestern Nachmittag, einige Stunden, bevor Sie in Saint Thomas waren, in den Händen gehabt.»

Reverend Wilson erhob sich und ging zum Büchergestell. Er griff ein beiges Buch heraus und setzte sich wieder.

«Es handelt sich um Davis' Werk *Die Toten kommen zurück,* genauer gesagt: um seine deutsche Übersetzung, die ich damals in der Schweiz gekauft habe. Dass ich das Buch gestern durchgeblättert habe, kann ein Zufall sein. Aber erachten Sie auch das Folgende als Zufall?»

Mit diesen Worten schlug er das Buch auf und reichte es mir.

«Hier, lesen Sie diese Passage!»

Ich las: «Plötzlich zerriss ein Pfeifen die Spannung und entlockte den Rängen ein schrilles rituelles Gelächter. Ohne die Begleitung der Trommeln, doch unter Verbeugungen und Knicksen der Einzelnen in bestimmten Abständen begann die Gesellschaft zu singen:

Ich diene dem Guten, ich diene dem Bösen,
Wir dienen dem Guten, wir dienen dem Bösen,
Wayo-oh!
Wenn ich Sorgen habe, rufe ich die Geister gegen sie an.

Dann folgte ein warnendes Lied, das sich von dem vorange-
gangenen durch Pfiffe und Peitschenknallen unterschied:

Was wir hier sehen,
Werde ich keinem sagen.
Wenn wir reden,
Werden wir unsere Zunge verschlucken.

Ich liess das Buch langsam sinken und schluckte trocken.

«Ich fürchte wirklich, Sie noch mehr beunruhigen zu müssen», fuhr der Reverend fort, «aber ich hielt es für meine
Pflicht, Ihnen diesen bereits schon klassisch zu nennenden Fall
von Synchronizität nicht zu verheimlichen, wobei ich es
Ihnen überlasse, Schlüsse zu ziehen.

Das Dritte, das ich Ihnen nun mitteilen muss, spricht am
meisten dafür, dass Sie Ihren Voodoo-Spuk nicht im realen
Raum- und Zeitkontinuum erlebt haben, sondern wahrscheinlich Opfer einer alkohol- und hitzebedingten Vision geworden sind. Gestern Abend also, zu genau der Zeit, als Sie
in Saint Thomas waren, betrat auch ich die Kirche. Und sie
war vollkommen leer. Weshalb war ich dort?, werden Sie jetzt
fragen. Ganz einfach, ich hatte meine Agenda auf dem Altar
vergessen. Aus diesem Sachverhalt ergibt sich nun eine zwin-
gende Kollision unserer Wahrnehmungen. Sehen Sie, die Frage ist nicht, auf was man schaut, sondern was man sieht.»

Reverend Wilson hatte seinen Ausführungen beendet und
zog unter einer Zeitung seine schwarze Agenda hervor. Sie sah
tatsächlich genau so aus wie jene, die ich am Vortag in der
Kirche gesehen hatte.

Die Ausführungen über Voodoo in Barbados, das Buch von
Davis, die Agenda – alles waren absolut plausible Indizien,
die widerlegten, dass in Saint Thomas eine Voodoo-Zeremonie stattgefunden hatte. Reverend Wilson versuchte mich in

meiner sichtlichen Verwirrung zu trösten. Er verwies mich auf psychische Grenzerfahrungen, auf spontane psychotische Einbrüche. Vielleicht sei im Essen eine halluzinogene Substanz gewesen. Aber seine Versuche, meinem schwankend gewordenen Geist wieder Halt zu geben, scheiterten alle an meiner grenzenlosen Verwirrung angesichts dessen, was ich hier erlebt hatte.

Verstört und müde verabschiedete ich mich von dem freundlichen Reverend. Am nächsten Tag flogen wir zurück in die Schweiz.

Nach einigen Wochen versuchte ich das Buch von Davis zu kaufen. Aber kein Buchhändler fand den Titel. Es müsse vergriffen sein, sagte man mir. Aber auch in der Zentralbibliothek Zürich fand sich das Buch nicht. Ich gab die Suche auf.

Als ich mich im Spätherbst des Jahres 1986 in meiner Buchhandlung auf dem Wühltisch umsah, fiel mein Blick plötzlich auf einen Titel: *Die Toten kommen zurück*. Da war es, endlich hatte man das Buch wieder aufgelegt. Ich las aus reiner Routine die bibliografischen Angaben durch und war völlig verblüfft.

Die Originalausgabe unter dem Titel *The Serpent and the Rainbow* war 1985 bei Simon & Schuster in New York erschienen, also zehn Jahre später, als ich das Buch zum ersten Mal in seiner deutschen Übersetzung in Händen gehalten hatte. Als mir Reverend Wilson das Buch gezeigt hatte, war es noch nicht einmal geschrieben gewesen!

Ich musste dem Geheimnis auf die Spur kommen. Am nächsten Tag schrieb ich Reverend Wilson, dessen Adresse ich auf dem Konsulat erhalten hatte, einen langen Brief und bat ihn um eine Erklärung für diesen Wahnwitz. Drei Monate lang erhielt ich keine Antwort. Dann endlich kam ein Brief. Aber der Absender war nicht Reverend Wilson, sondern ein Pfarrer namens Thomson. Er habe als Nachfolger von Wilson meinen Brief geöffnet, teilte er mit. Sein Kollege sei vor einem halben Jahr bei einem grässlichen Vorfall ums Leben gekommen. Ein altes Pflanzerhaus auf dem Territorium des Christ-Church-Kirchspiels sei abgebrannt. Die Feuerwehr sei erst eingetroffen, als das Haus schon lichterloh gebrannt habe. Bei den Aufräumarbeiten habe man eine Leiche gefunden und sie als die von Reverend Wilson identifiziert. Die Schlösser der Haustüren seien verriegelt, die Fensterläden zugenagelt gewesen. Wilson habe keine Chance gehabt. Das Merkwürdigste aber sei gewesen, dass man auf der Leiche von Wilson die verkohlten Überreste einer Meerkatze gefunden habe.

DIE WÖRTERURNE

Soeben hatte er seine dreiundzwanzigste Absage erhalten. Fünf Verlage hatten sich noch nicht gemeldet, aber Rodrigo Tschanz gab sich keinerlei Illusionen mehr hin. Sein Erstlingswerk, *Zeit der Anemonen,* war abgeblitzt, auf breitester Front abgeschlagen, zerfetzt, vernichtet. Aber was sollte er, der gescheiterte Lehrer, auch anderes erwarten? Er wusste, dass ungefähr eine Million Manuskripte in deutschsprachigen Verlagen herumlagen, die nie veröffentlicht werden würden; die Hälfte davon Biografien. Er wusste auch, dass er nicht im Mindesten über eine der primären Medienqualitäten verfügte, die fast immer für eine rasche Veröffentlichung sorgten. Er war weder bekannter Werbetexter noch korrupter Politiker; weder ein pädophiler Massenmörder noch ein Ex-Callboy mit einschlägigen Erfahrungen in der Bundeshauptstadt. Zu seinem Pech war er einfach nur Germanist, einer, der das Sprachhandwerk von der Pike auf gelernt hatte. Sein Lebenslauf war unauffällig gewesen. Vorstrafen gab es keine, auch keine frühkindlichen Traumata wegen sexuellen Missbrauchs. Wie die meisten schreibenden Germanisten entwickelte Tschanz eine intellektuell unterfütterte Wehleidigkeit angesichts seiner schriftstellerischen Misserfolge, darüber hinaus allerlei Verschwörungstheorien, die plausibel erklären sollten, weshalb niemand sein Werk publizieren wollte.

Tschanz, der aus gesundheitlichen Gründen den Lehrerberuf aufgegeben hatte, arbeitete seit einiger Zeit in einem Dienstleistungsbetrieb am Rande von Basel. Täglich fuhr er mit der Bahn und dem Tram zu seinem Arbeitsort, wobei er auch unterwegs meistens schrieb. Im Betrieb schrieb er am Computer weiter: Lieferscheine, Rechnungen, Statistiken und seit kurzem auch Adressen für den Postversand.

Zeit der Anemonen und andere frühe Entwürfe waren unterdessen in den Müll gewandert. Aber auf seine neue längere Erzählung war er stolz. In seiner liebenswerten Weltfremdheit hatte er den Titel «Voodoo» für ausgesprochen publikumswirksam gehalten. Aber nach der Niederlage mit seiner *Zeit der Anemonen* hielt er alles, was er geschrieben hatte, für unpublizierbar – auch *Voodoo*. Das war doch alles epigonal, dachte er, ein Verschnitt von *Gothic novel* und Handke. Tschanz hatte mit diesem Einwand natürlich vollkommen Recht, denn er war nicht dumm.

Draussen legte sich der Nebel auf die Landschaft, als Rodrigo Tschanz den Auftrag erhielt, 5000 Adressen in den Computer einzugeben. Die Basler Kreditbank hatte einen Wettbewerb lanciert, der sich «Power of Knowledge» nannte. Die Wettbewerbskarten lagen in einer grossen Schachtel neben Tschanz und harrten ihrer Entzifferung. Sisyphos! Ungefähr jede zwanzigste Karte war so unleserlich geschrieben, dass sich der Teilnehmer nicht identifizieren liess. Tschanz ärgerte sich nicht darüber, sondern legte diese Karten einfach beiseite.

Der Germanist konnte in Gedanken auch während der Arbeit nicht von seinen literarischen Projekten ablassen. Nun kippte aber seine Wehleidigkeit plötzlich in trotzige Zerstörungsphantasien. Er würde *Voodoo* zerstören, zerreissen, verbrennen, in Säure auflösen. Er tippte weiter. Vor ihm auf dem Bildschirm befanden sich acht Spalten: eine Identifikationsspalte, in welcher fortlaufend automatisch die Nummerierung der Adressen erfolgte, eine Spalte für die Anrede, eine für den Vornamen; eine für den Nachnamen, eine für die Strasse, eine für die zweite Adresse, sprich Postfach, eine für die Postleitzahl und eine für die Ortschaft. Tschanz spann seine Zerstörungsgedanken weiter. Er würde auf den Eiffelturm steigen, sein Manuskript verbrennen und die Asche dem Wind übergeben. Nein, er würde die Zerstörung von *Voodoo* zu einer Zeremonie machen, vielleicht sogar zu einem Voodoo-Ritual. Tschanz tippte weiter und schrieb: Herr, Urban, Gossweiler, Sonnwendestrasse 16, (Leerstelle), 4069, Basel.

Nach einigen Adressen fiel ihm auf, dass nach der Strassenbezeichnung in fast allen Fällen eine Leerstelle kam, da nur die wenigsten Wettbewerbsteilnehmer über ein Postfach verfügten. Das ist eigentlich eine ungeheure Platzverschwendung, dachte Tschanz, 4800 Kästchen, die leer bleiben; das ergibt eine Kapazität von … Moment! Der frustrierte Schriftsteller, der eine minuziös quantifizierende Buchhalterseele hatte, begann nachzurechnen. Zuerst musste er natürlich abklären, wie viele Zeichen in der Spalte «Adresse 2» Platz hatten. Es waren zu seinem Erstaunen ganze 23. Er griff zum Taschenrechner und tippte die Zahlen ein. 4800 mal 23 Zeichen ergeben 110 400 Zeichen. Das sind rund 75 Buchseiten. Wahnsinn!, dachte Tschanz, das ist mehr, als ich für meine Erzählung *Voodoo* brauche. Und in diesem Augenblick kam ihm die Idee. Warum sollte er den weiten Weg nach Paris auf sich nehmen, um die Asche seines literarischen Kindes in den Wind zu streuen? Hier, in Spalte sechs des Adressauftrags, konnte er seine Geschichte, in Kleinstportionen zerhackt, würdig bestatten. Er würde am Schluss seines Auftrags, für den er zum Glück genügend Zeit zur Verfügung hatte, einfach die Erzählung fortlaufend in die Spalte sechs eingeben, immer je 23 Zeichen. Danach würde er das Manuskript vernichten, ganz unzeremoniell. Das wirkliche Ritual war die Bestattung in Spalte sechs. Sobald der Versand der 4800 Briefe begann, würde seine Erzählung *Voodoo*, der literarische Inhalt in der Wörterurne also, unwiederbringlich in alle Himmelsrichtungen zerstreut, würden die Fragmente von einigen ahnungslosen Teilnehmerinnen und Teilnehmern des Wettbewerbs «Power of Knowledge» unter Kopfschütteln gelesen und dann in den Papierkorb geworfen.

Rodrigo Tschanz begann, seine Erzählung in die Leerfelder einzufügen. Natürlich trug er der Tatsache Rechnung, dass die Briefe von der Bank stichprobenweise geprüft wurden. So liess er stets bei den ersten zehn Briefen einer 500 Blatt zählenden Schachtel das Kästchen der Adresse zwei unbeschrieben und konnte so tatsächlich seine Erzählung *Voodoo* zur stattlichen Öffentlichkeit von gut 4700 Leserinnen und Lesern schmuggeln. Nachdem er die letzten Sätze in Spalte sechs eingesargt hatte, verbrannte er nach Feierabend das Manuskript im siedlungseigenen Gartengrill.

Einige Tage später trafen sich in der Mensa der Universitätsbibliothek Basel die zwei Germanistikstudentinnen Eva-Maria Bertoli und Gundhild Knobel zu ihrem wöchentlichen Mittelhochdeutsch-Treff. Zufälligerweise hatten beide am Wettbewerb «Power of Knowledge» teilgenommen. Eva-Maria nahm den Brief der Kreditbank aus ihrer Mappe und zeigte sich verärgert über den «Bauernfang», wie sie es nannte. Es gehe der Bank doch nur um die Anwerbung neuer junger Kundinnen und Kunden, der Wettbewerb sei völlig irrelevant. Gundhild schämte sich fast zuzugeben, ebenfalls an dem albernen Wettbewerb teilgenommen zu haben. Plötzlich stutzte Eva-Maria. Sie reichte den Brief ihrer Freundin und zeigte mit dem Finger auf die Adresse.

«Sieh mal! Ist das nicht merkwürdig?»

Gundhild las:

Frau
Eva-Maria Bertoli
Im Rheinsommer 2
in quattelnder Brühe be
4057 Basel

«Was soll das?» sagte sie, «sieht fast aus, als hätte der Computer Schluckauf gehabt!»

«Mich interessiert nur, ob deine Adresse auch so seltsame Zusätze enthält», sagte Eva-Maria.

Gundhild hatte ihren Brief nicht bei sich, versprach aber nachzuschauen. Auch sie fand eine sehr seltsame Anschrift:

Frau
Gundhild Knobel
Buchengrund 15
bastumwundene Rumflasch
4143 Dornach

So was! Hatte sich jemand einen Scherz mit ihr erlaubt und sie als «bastumwundene Rumflasche» tituliert? Wohl kaum, war doch die Adressiererei bei Serienbriefen automatisiert. Aber irgendjemand musste die Daten doch eingegeben haben. Vielleicht waren die Zusätze die Folgen von Virenbefall? Gundhild, einigermassen belustigt, rief Eva-Maria an und setzte sie über ihren Fund in Kenntnis. Bei ihrem nächsten Treff sprachen sie nochmals über die Sprachkuriosität, dann vergassen sie den Vorfall.

Die Zeit verstrich. Ein Krieg wurde beendet, ein neuer begann. Eine Prinzessin starb in einem Verkehrsunfall, ein Jüngling wurde König. Tagein, tagaus aber schrieb Rodrigo Tschanz weiter. Er hatte nach seiner Niederlage mit *Zeit der Anemonen* und der Beisetzung von *Voodoo* ein neues Konzept erarbeitet. Er zerhackte die gängige Syntax, gebrauchte eine frivole Mischung von Goethe-Vokabular, Banker- und Gassensprache, wählte Themen, die in der Luft lagen. Wochenlang recherchierte er in Bibliotheken. Seine Prosa war fiebrig geworden, radikal sinnlich, inkohärent in Bezug auf ethische Ansprüche und inkontinent, was die Fäkalsprache anbelangte. Er schickte seinen Roman *Big Mac 19* an den bekanntesten Verlag der Schweiz. Schon nach drei Wochen erhielt er ein hymnisches Antwortschreiben des Verlagsleiters. Das Buch kam pünktlich zur Frankfurter Buchmesse auf den Markt und wurde ein Renner. Die einen waren von der Thematik begeistert, die anderen abgestossen. Unappetitliche Schilderungen aus dem Milieu der Grossmetzgereien und aus dem Leben zoophiler Universitätsprofessoren und Patienten mordender Krankenschwestern waren nicht jedermanns Sache. Aber jeder musste das Buch gelesen haben. *Big Mac 19* war innerhalb von drei Monaten ein Kultbuch geworden und sein Autor steinreich, nachdem er die Rechte für die Verfilmung an einen amerikanischen Produzenten verkauft hatte. Rodrigo Tschanz wurde nun plötzlich im selben Atemzug genannt wie Philip Roth und Houellebecq. Die deutsche Literaturpäpstin lobte jedoch die viel grössere stilistische Radikalität von Tschanz, seine gelungene postmoderne Variante der Einlösung des Inhalt-Form-Versprechens und die Ambivalenz der Gefühle, welche *Big Mac 19* bei der Leserschaft erzeuge und deren Abgründe aufreisse.

Tschanz hatte es geschafft – mit nur einem einzigen Buch. Aber er konnte sich nicht lange über seinen Erfolg freuen. An einem sonnigen Spätsommertag passierte wieder einmal, was nicht passieren darf: Die Achse des Antriebsrades einer Bündner Bergseilbahn brach, die Kabinen sackten ab, Tschanz, wurde hinausgeschleudert und zerschellte an einem Felsvorsprung.

Betroffenheit und Trauer waren gross. Schon bald war Rodrigo Tschanz, dessen Buch praktisch schon in die Weltliteratur eingegangen war, ein Mythos.

Am Tag, als die *Neue Zürcher Zeitung* einen langen Nachruf auf Rodrigo Tschanz veröffentlichte, trafen sich Eva-Maria Bertoli und Gundhild Knobel wieder einmal in einem Café der Basler Altstadt. Eva-Maria, unterdessen Frau Veller-Bertoli, arbeitete als Lektorin eines renommierten Verlages, Gundhild, Frau Doktor Knobel, am Gymnasium in Liestal. Eva-Maria war furchtbar aufgeregt:

«Gundhild, hast du den Artikel von Manser gelesen? Rodrigo Tschanz hat kurz vor seinem Durchbruch in einem Dienstleistungsbetrieb gearbeitet, wo auch Adressieraufträge von Grossbanken erledigt wurden!»

«Na und? Viele bekannte Schriftsteller haben klein angefangen», gab Gundhild zurück.

«Aber verstehst du denn nicht? Damals bekamen wir doch einmal Post von der Basler Kreditbank, die Umschläge mit den ulkigen Adressen! Du musst dich doch erinnern.»

«Ach ja, jetzt entsinne ich mich», sagte Gunhild und zündete eine Zigarette an, «diese ‹bastumwundene Rumflasch› hat uns einiges Kopfzerbrechen bereitet.»

«Genau! Und bei mir stand etwas von einer ‹quattelnden Brühe›, weisst du noch? Nun muss bei dir der Groschen doch fallen! Gundhild, denk doch nach! Quatteln! – Wo quattelt es in der deutschen Literatur?»

«Himmel, das ist eines der Lieblingswörter von Rodrigo Tschanz. In *Big Mac 19* kommt es sicher fünfmal vor.»

«Genau, liebe Gundhild, genau! Und nun haben wir endlich die Erklärung für die damalige Konfusion. Rodrigo Tschanz arbeitete in dem Betrieb, der die Adressen für diesen schwachsinnigen Wettbewerb eingeben musste. Er hatte einen Text geschrieben, einen fiktiven Text selbstverständlich, und er war – laut Manser jedenfalls – verzweifelt über seine Misserfolge. Was tat er also? Er gebrauchte den Platz, der für die Angabe des Postfaches vorgesehen war, um seinen Text zerstückelt darin aufzubewahren, bevor er in alle Winde zerstreut wurde. Von Tschanz sind keine frühen Texte mehr erhalten. Das Einzige, was wir haben, ist *Big Mac 19* und – halt dich fest – die Erzählung in der Postfach-Spalte, die unterdessen wahrscheinlich als Altpapier eingestampft oder als Kehricht verbrannt worden ist.»

«Aber dann ... dann ...», stammelte Frau Knobel, «dann wären wir der epochalen Vorstufe eines der genialsten Werke unseres Jahrhunderts auf der Spur?!»

«Ganz genau! Wenn wir Kopien dieser Serienbriefe auftreiben können, sind wir absolut im Geschäft. Wir werden das ultimative Buch über Rodrigo Tschanz schreiben. Die Universitäten werden sich um uns reissen.»

Schon am nächsten Tag nahmen die beiden unter einem Vorwand frei. Sie machten das Dienstleistungszentrum aus, in dem Tschanz gearbeitet hatte, und fragten nach, ob die Disketten mit den Adressaufträgen noch irgendwo archiviert seien. Sie hatten kein Glück. Aus Datenschutzgründen wurden keine Adressen aufbewahrt. Also fuhren sie gleich zur Kreditbank. Adrian Ramel, ein glatt rasierter Vizedirektor, empfing sie in seinem Büro.

«Nun ja», sagte er auf die Anfrage der beiden Frauen, «die Adressdateien werden bei uns üblicherweise zehn Jahre lang archiviert. Aber selbstverständlich können Sie die Daten nicht einsehen. Der Datenschutz, Sie verstehen.»

«Aber es ist für die Wissenschaft von unschätzbarem Interesse. Es geht um Rodrigo Tschanz. Die Literaturgeschichte wird neu geschrieben, wenn Sie uns die Diskette zur Einsicht überlassen.»

Die beiden Frauen versuchten dem Bankier kurz zu erklären, um welch wichtigen literarischen Fund es sich handelte. Der Vizedirektor telefonierte.

«Hallo, sind Sie es, Morandi? Haben Sie die Disketten vom Basler Werkstättenzentrum Jahrgang sechsundneunzig noch irgendwo liegen? ... Aha! Gut. So, so, ich verstehe. Schade! Danke, Morandi.»

Ramel wandte sich wieder an die beiden Damen und sagte lächelnd:

«Es tut mir Leid, dass ich Ihnen nicht weiterhelfen kann. Nicht mehr, muss ich vielleicht besser sagen. Die Disketten wurden von unserem Informatiker, Herrn Morandi, gerade vor ein paar Tagen vernichtet. Es tut mir schrecklich Leid.»

Die beiden Frauen verliessen deprimiert das Büro. Sie waren am Boden zerstört und konnten die Ungerechtigkeit des Schicksals und ihr Unglück kaum fassen. Während sie dem Ausgang zustrebten, griff Ramel zum Hörer seines Telefons und wählte eine weitere Nummer:

«Hallo Kleines, du wirst es nicht für möglich halten: Dein völlig unliterarischer Vater hat dir ein Thema für deine Doktorarbeit aufgetrieben. Setz dich hin! Ich habe ein bisher unbekanntes Manuskript von Rodrigo Tschanz entdeckt, und du wirst die Erste sein, die es lesen wird.»

MARILYN

In der Altstadt von Solothurn hatte Mogo Bählin endlich eine Heimstatt gefunden, die ihm die Ruhe und die Beschaulichkeit bescherte, welche er für seine Forschungsarbeit brauchte, und wo er trotzdem nicht vom urbanen Leben abgeschnitten war. Der Name Mogo war eine Hommage an seine Grossmutter väterlicherseits, die aus Nigeria stammte. Mogo mochte seinen Namen. Er glaubte nicht an Zufälle bei der Namenwahl. Jeder Name symbolisiert das Wesen eines Menschen, und Mogo wies unzweifelhaft auf eine berufsbedingte Schwäche Bählins hin: die Mogigrafie, besser bekannt unter dem Namen Schreibkrampf, von dem der unentwegt Schreibende oft geplagt wurde.

Bählin war ein etwas verwahrloster, hagerer Berner und stand kurz vor seinem vierundvierzigsten Geburtstag. Da seine Eltern früh gestorben waren und ihm ein kleines Vermögen vermacht hatten, konnte er ohne finanzielle Sorgen seinen Neigungen nachgehen. In Zürich hatte er das Studium der Komparatistik mit einem Doktorat abgeschlossen. Seine Dissertation war unter dem Titel «Physiognomik bei Doderer, Proust und Joyce – Ein komparatistisches Debakel» erschienen und hatte in der Fachwelt grosses Aufsehen erregt. Danach hatte sich Bählin nochmals zwei Jahre in die Geheimnisse der Physiognomik vertieft, bevor er in Chicago eine kleine Wohnung gemietet und ein Medizinstudium begonnen hatte. Vor allem die Hämatologie, die Wissenschaft vom Blut, hatte es ihm angetan. Obwohl er das Medizinstudium nicht abschloss, exzellierte er mit dem Aufsatz «Das Schistosoma und die hemiphere Dysregulation der Hämoglobinkontraktion», der in der *Medical Tribune* erschien. Anschliessend las sich Bählin durch Berge von tiefenpsychologischen Titeln. Literaturwissenschaft, Komparatistik, Physiognomik, Hämatologie und Tiefenpsychologie – dies waren also die Stationen von Mogo Bählins hybridem Bildungsweg. Immer stärker war sein Denken gewissermassen inter-diszipliniert worden. Sowieso mochte er alle Wörter mit «inter-»: Interdisziplinarität, Interdependenz, Interaktion, Interferenz …Sein Denken bestand aus sich überlagernden Ebenen unterschiedlicher Terminologien und Weltkonzeptionen, die zu harmonisieren er ständig bemüht war. Eines Tages war er auf eine neue Herausforderung gestossen. Gerade er, der seine gesamte Libido in der Leidenschaft für Forschung und Fremdwörterkunde verpuffen liess, verfiel auf die Idee, eine interdisziplinäre Untersuchung über das Partnerwahlverhalten zu machen. Er war darauf gekommen, als er über die Interaktion inter-sympathischer Physiognomien und die interallergene Tendenz von Leukozyten nachgedacht hatte.

Zehn Jahre lang hatte er Daten gesammelt: aus der physiognomischen und hämatologischen Literatur, aus Sexualstatistiken, aus der Boulevardpresse, aus internationalen Untersuchungen über das Partnerwahlverhalten. Als Erster hatte er diese disparaten Statistiken und Ergebnisse in einem einzigen interdisziplinären System zusammengefasst. Er war zum Ergebnis gekommen, dass sich aufgrund eines detaillierten Hämatogramms, eines persönlichen Blutbildes also, und der physiognomischen Eckdaten einer Person präzise voraussagen lässt, welche Partnerin oder welcher Partner auf sie stimulierend wirkt. Mittels dieser einzigartigen Studie würden Spezialisten in der Lage sein, für jeden Menschen auf der Welt ein präzises Phantombild des Idealpartners anzufertigen.

Der absurde Brauch, Partner mit der läppischen Angabe unspezifischer Merkmale per Zeitungsannonce zu suchen, stürbe endlich aus. Jede einsame Seele konnte in Zukunft das Phantombild ihrer idealen Ergänzung im Internet verbreiten. Eine hundertprozentige Erfolgsquote war in den Augen Bählins sicher, denn es gab so viele hämatologische wie physiognomische Parameter, dass durch ihre Kombination eine nicht eindeutige Nachfrage nach einem Partner praktisch ausgeschlossen war.

Mogo Bählin, interdisziplinärer Weltgeist, klickte den Speichern-Button seines Computers an und legte seine 597 Seiten umfassende Untersuchung auf einer zweiten Diskette ab. Sein Buch, zu dem er nur noch ein interreferenzielles Nachwort schreiben wollte, trug den Titel: «Die sexualmorphologische Interattraktivität hominider Varietäten unter Auswertung hämatologischer und physiognomischer Merkmale». Der Untertitel hielt sich knapper: «Ein Versuch».

Bählin schaute zum Fenster hinaus und genoss das linde Lüftchen von der Aare her. Er trank an seinem Mahagoni-Stehpult ein Glas Himbeersirup und machte eine Einkaufsliste. Gerade war er bei den Spaghetti angelangt, als es an der Tür klingelte. Absonderlich, dachte er, wer kann das wohl sein? Der verschrobene Gelehrte bekam höchstens zweimal im Jahr Besuch, von seinem ehemaligen Kommilitonen Henri Rainer und von einem aufdringlichen Vertreter. Etwas missmutig ging Bählin zur Tür und öffnete sie.

Sein Atem setzte aus. Auf der Kokosmatte stand ein weiblicher Feuerschopf. Ein lilienweisses Lächeln war das Nächste, was er wahrnahm. Der smaragdgrüne Blick traf ihn wie eine steife Brise. Das Gesicht war umrahmt von roten Locken, ein Gesicht, dachte er, wie auf einem Bild von ... Aber es fiel ihm kein passender Vergleich ein, so einzigartig war das, was ihn da während unendlich langer Sekunden anlächelte. Das wunderschöne Wesen vor seiner Wohnungstür trug russfarbene Hippie-Hosen, eine eng anliegende schwarze Lederjacke und schwarze Pumps. Jetzt fiel ihm der Vergleich ein. Diese fuchsrote, grünblitzende, lilienstrahlende Rockerbraut sah aus wie eine kurvenreiche Diva aus den fünfziger Jahren.

«Grüss Gott, Herr Doktor Bählin», sagte das Traumwesen jetzt nach längerer Stille, «entschuldigen Sie, wenn ich störe. Mein Name ist Furlan, Marilyn Furlan, ich studiere vergleichende Literaturwissenschaften und Philosophie. Darf ich einen Moment mit Ihnen sprechen?»

«Bi-bi-bitte, Miss Furlan», stotterte Bählin, der plötzlich – interlingual sozusagen – in sein Amerikanisch glitt, «bitte, entern Sie! Äh, ich meine: Kommen Sie doch herein.»

Der Privatgelehrte befreite einen Polstersessel von Zeitungen und Büchern und bat das aufreizende Wesen, Platz zu nehmen.

«Ich habe vor einigen Wochen Ihren Aufsatz ‹Hämatogramm und erotische Attraktion› gelesen», flötete die Schöne, «umwerfend, phantastisch!, kann ich nur sagen. Ihr Ansatz ist revolutionär, aus menschlicher wie philosophischer Perspektive ...»

Marilyn Furlan sprach weiter und weiter, lobte den Forscher in allen Tönen, erzählte von einem eigenen Projekt. Aber Bählin verstand nichts. Er hörte nur die bezaubernd modulierende Stimme, er sah den sanft geschwungenen Mund, die filigrane Nase, die Smaragdaugen und die schönen Brüste, die durch das gestraffte Leder noch betont wurden. Marilyn verstummte und blickte Mogo direkt in die Augen. Dieser spürte den Puls in seinen Schläfen und er verspürte den unwiderstehlichen Drang, diese Frau zu küssen.

«Es nimmt mich wunder, wie Ihr Hämatogramm aussieht, Herr Doktor Bählin», sagte die Frau verführerisch und legte ihre Rechte auf Bählins Knie, «Ihre Physiognomie stimmt auf jeden Fall.»

Bählins Blick verschleierte sich, er spürte in den unteren Gefilden seines Leibs eine nie erahnte Kraft.

«Aber ... aber ...», stammelte er. Doch schon wurde sein Mund durch den sanften Druck zweier pfirsichfarbener Lippen geschlossen.

Er wusste nicht, wie spät es war, als er erwachte. Er hörte das unregelmässige Rauschen und Plätschern der Dusche. Marilyn!, dachte er glücklich. Seine Glieder waren schwer wie Erde nach einem Unwetter. Aber es war kein zerstörendes Unwetter gewesen, das über ihn hereingebrochen war, vielmehr ein erotischer Ursturm, der wellenförmig, stets unterbrochen von zärtlichem Säuseln und Lispeln, den notdürftig errichteten Schutzwall gegen seine Gefühle hinweggefegt hatte. In immer neuen Variationen hatte ihn Marilyn in die Kunst der Liebe eingeführt, fintenreich, intelligent, schweigsam und beredt zugleich. Jetzt lag Mogo auf dem Rücken, ermattet von süsser Lust, und fühlte sich wie neu geboren. Wie nach einem Initiationsritus fühlte er sich schmutzig und gereinigt zugleich. Im Bad erstarb das Plätschern, und Marilyn erschien nackt, mit einem blauen Tuch die Haare frottierend, im Schlafzimmer. Sie beugte sich über Mogo und küsste ihn auf die Stirn. Noch einmal umarmten sie sich.

So schnell, wie sie aufgetaucht war, so schnell verschwand Marilyn aus Bählins Wohnung. Ein letzter flüchtiger Kuss, und weg war sie. Er kannte ihren Namen, aber er wusste nicht, wo sie wohnte. Nach ihrem Verschwinden schwankte er zwischen dem Bedürfnis, sie wiederzusehen, und der Gewissheit, dass sie nur ein Spuk gewesen sei, der ihn aus seiner theorieversessenen Existenz erlöst hatte.

Alles war natürlich liegen geblieben, die Einkaufsliste und die Sicherheitskopie der Diskette. Ja, die Sicherheitskopie, wo war sie nur? Bählin fand sie nicht auf seinem Schreibtisch und auch nicht auf seinem Stehpult. Langsam wurde er nervös. Er stellte die ganze Wohnung auf den Kopf, aber er fand nichts. Schliesslich gab es für ihn nur noch eine Erklärung: Marilyn hatte die Diskette mitgenommen. Während er ermattet von den Liebesspielen schlief, hatte sie genügend Zeit gehabt, sich in der Wohnung umzusehen. Aber war das so schlimm? Sollte sie doch sein Werk lesen! Er wollte gar keine Geheimnisse vor ihr haben, und schliesslich würde er das Buch innerhalb des nächsten Jahres so oder so veröffentlichen.

Obgleich er den Einfall gehabt hatte, mittels eines Phantombildes die Wunschfrau oder den Wunschmann zu finden, war Bählin noch nie auf den Gedanken gekommen, dieses Verfahren bei sich selbst anzuwenden. Nach der Erfahrung mit Marilyn musste er den Schritt wagen. Er würde seine Theorie gewissermassen empirisch bekräftigen. Er liess im Spital sein Hämatogramm anfertigen und vermass seinen Schädel. Damit errechnete er alle Einzelparameter seiner Traumfrau und schickte sie an einen Bekannten, der in der Fahndungszentrale Zürich für die Phantombilder verantwortlich war. Nach drei Wochen erhielt er das Bild. Was er sah, verstörte ihn. Es war nicht Marilyn. Sie hätte es sein müssen, nach dem, was er erlebt hatte. Es konnte doch keine andere Frau geben, die ihn so anzog wie sie! Das Phantombild auf der Grundlage der Studie über die «sexualmorphologische Interattraktivität hominider Varietäten unter Auswertung hämatologischer und physiognomischer Merkmale» glich Marilyn nicht einmal im Entferntesten. Die Frau auf dem Bild hatte vielmehr Ähnlichkeit mit der unsympathischen Verkäuferin im Lebensmittelladen. Was bedeutete das? Das hiess, dass seine ganze Arbeit umsonst gewesen war. Irgendetwas im

Hämatogramm musste anders interpretiert werden. Aber was? Vielleicht stimmte auch die Hypothese über die reziproke Interferenz der sekundären physiognomischen Achsialparadigmen nicht, oder die intragruppale Konfiguration der Leukozyten war keine korrekte Analogdarstellung des Haaransatzes?

Marilyn! Er musste sie warnen, musste ihr sagen, dass seine Annahmen alle falsch waren, bevor sie seine vermeintlichen Erkenntnisse in irgendeiner wissenschaftlichen Arbeit benutzte und sich grässlich blamierte. Aber wo war sie? Er rief die Auskunft an, wünschte eine gesamtschweizerische Suche nach Marilyn Furlan. Aber es gab keine Marilyn Furlan in der Schweiz.

Es ist sinnlos, dachte Bählin, Marilyn Furlan ist gewiss ein falscher Name. Er ärgerte sich jetzt über seine Leichtgläubigkeit, konnte ihr aber nicht wirklich gram sein.

Als der Privatgelehrte in der Buchhandlung beim Berntor wieder einmal nach Neueingängen Ausschau hielt, fiel sein Blick auf einen hohen Stapel identischer Bücher, vor dem sich gerade zwei Frauen angeregt unterhielten.

«Es muss phantastisch sein», hörte er die eine sagen, «Balthasar Limacher hat es im Zweiten über den grünen Klee gelobt!»

Als beide Frauen ein Exemplar des hochgelobten Buches vom Stapel genommen hatten, trat Bählin zum Bücherturm.

Marie-Louise Naflur – Das ultimative Partnerbuch, las er. Es hört nicht auf, dachte er, Hinz und Kunz schreibt über das Thema, an dem ich mich zehn Jahre lang kompetent, akademisch, gründlich und – vergeblich versucht habe. Er blätterte das Buch durch. Welten lagen zwischen seinen intelligenten Ausführungen und diesem seichten Gewäsch und den dilettantisch gemachten Phantombildern. Phantombilder? Er schlug das Inhaltsverzeichnis auf und bemerkte zu seinem grössten Erstaunen, dass das Buch von Frau Naflur eine populärwissenschaftliche Umsetzung seines eigenen Konzeptes war. Alle wichtigen Stichwörter waren vorhanden: Hämatogramm, Physiognomie, Analogie. Er blickte kurz auf und sah gerade eine Verkäuferin etwas in den Computer tippen. Natürlich, fiel es ihm ein: die Sicherheitskopie! Und während er die Zusammenhänge zu ahnen begann, kehrte er das Buch um. Neben der Kurzinformation befand sich eine Farbfotografie. Ein leuchtendroter Pagenkopf lächelte ihn an: Marilyn! Natürlich: «Naflur» war ein Anagramm von «Furlan», oder umgekehrt.

Diese göttliche Hexe! Sie hatte es tatsächlich nur auf sein Manuskript abgesehen gehabt. Bählin kaufte das Buch, das in Wirklichkeit sein Werk war, und stürmte nach Hause. Dieses füchsische Weib, es hatte ihn belogen, betrogen und bestohlen! Diebstahl geistigen Eigentums nannte man das, sexuelle Belästigung am Arbeitsplatz womöglich ... Aber was geschah, wenn er zur Polizei gehen oder an die Öffentlichkeit treten würde? Seine Theorie der sexualmorphologischen Interattraktivität war ja nachweislich falsch, und Marilyn selbst hatte es ihm klar gemacht. Nun hatte sie einen Bestseller geschrieben, was er nie fertig gebracht hätte. Kein Wissenschafter würde es für notwendig erachten, die Theorien von Frau Naflur zu überprüfen. Wenn er sich nun bei der Polizei meldete, würde er sich unsterblich lächerlich machen. Ein Privatgelehrter, der von einer jungen Journalistin verführt und während des Liebesschlafs seines unbrauchbaren geistigen Eigentums beraubt wird. Es war eine Farce!

Von nun an konnte er Marilyn oft am Bildschirm sehen. Die Journalistin war mit ihrem Buch schlagartig bekannt geworden. Der Bestseller lag bereits in drei Sprachen vor. Aber obwohl sie mit diesem Buch nur Unsinn verbreitete, hatte Mogo von Marilyn doch das Wichtigste gelernt: die Sprache der Liebe. In der Buchhandlung hatte er am Tage seiner niederschmetternden Entdeckung eine hübsche Verkäuferin kennen gelernt, die er schon bald in seine Wohnung einlud, wo sie zusammen die Sprache der Liebe vervollkommneten.

Als Marilyn einmal am Fernsehen das Hämatogramm mit einer Landkarte zur Schatzinsel des Lebens verglich, musste Mogo Bählin schallend lachen. Dann zog er seine Freundin eng an sich, strich ihr übers Haar, blickte in ihre Augen und sagte:

«Die Idee, dass es für jeden Menschen genau einen einzigen von Gott, vom Schicksal oder von der Natur ausersehenen Partner gibt, mag für viele Menschen reizvoll sein. Aber sie widerspricht zutiefst der Freiheit. Für diese Einsicht sind mir zehn Jahre vergeblichen Forschens nicht zu viel. Was übrigens Sokrates schon wusste: Erst Eros befreit unser Denken von tödlicher Sterilität. Diese Erkenntnis habe ich zwar erst spät gewonnen; oder müsste ich besser sagen: Sie hat mich überwältigt. Dafür werde ich Marilyn trotz ihres infamen Coups mein Leben lang dankbar sein.»

DURCHBRUCH

GORKS DURCHBRUCH

Gork war am Ende. Vierundfünfzig Jahre alt war er, ausgebrannt und ohne Hoffnung auf den inneren Schub, den es braucht, um einen bildenden Künstler aus der anständigen Mittelmässigkeit in die gefährliche und deshalb auch unanständige Höhe internationaler Berühmtheit aufsteigen zu lassen. Zwar hatte er während seiner Laufbahn den einen oder andern Preis gewonnen: den Kulturpreis der Stadt Rapperswil, den Zürcher Förderpreis, ein Stipendium für einen halbjährigen Aufenthalt in New York – aber das war alles lange her. Seit fünf Jahren hatte er es in keine bedeutende Ausstellung geschafft, nicht in der Limmatstadt und noch weniger anderswo. Es war verkorkst, zum Davongorken, dachte er manchmal, wenn sein Sinn für Wortwitz gerade einmal seiner Melancholie ein Schnippchen schlug. Der Kunstbetrieb schoss eisig wie ein Gletscherbach an ihm vorbei, niemand interessierte sich mehr für sein Werk. Verkauft wurden jetzt Bilder und Installationen von jungen, viel versprechenden Talenten, deren Namen man in den Kunstmetropolen wie Aktien handelte. Wenn er den Galeristen Glauben schenken konnte, so gab es heute eine Art Index der Artefakte, den Art-Index, der die Preise und die Publizität von einzelnen Künstlern bestimmte. Gestern führte Baselitz mit seiner auf dem Kopf stehenden Welt ihn an, heute standen die mit Buntsand gefüllten Weinkisten von Florian Beckscheit an der Spitze, morgen würde es Peppina Rossteuscher sein mit ihren ausgebleichten, bleistiftbekritzelten Tierledern. Bonometto Gork nahm es verdrossen zur Kenntnis. Er selber war weder auf der offiziellen noch auf der inoffiziellen Rangliste der Kunstwelt vorhanden, er war bestenfalls eine lokale Reminiszenz.

Was ihn ärgerte, waren nicht etwa junge Kolleginnen und Kollegen, die sich mit neuen Ideen zu Recht an die Spitze der Wertschätzung vorgetastet hatten. Peppinas Bleistiftrunen liessen in ihm etwas anklingen, kein Zweifel, die Neuen Rituellen konnte man leben lassen. Wer ihn hingegen masslos ärgerte, waren die Absahner. Louis Ferse etwa, dieser auto-didaktische Emporkömmling von seines Clans Gnaden, der auf Korsika eine Villa im Palladio-Stil bewohnte und Bilder malte, die jeder Abgänger einer Kunstgewerbeschule noch im Schlaf hätte bewältigen können. Eine Lithografie von Ferse kostete mehr als eines seiner Ölbilder, und genau diese Tatsache trieb den schnauzbärtigen Kahlschädel, der sich im Zürcher Seefeld nur eine kleine Wohnung und ein unansehn-liches Atelier leisten konnte, fast in den Wahnsinn. Immer, wenn die Medien über Ferse berichteten, stieg Gork vor Neid und Unverständnis das Blut unter die fettglänzende Kopfhaut und sein rechtes Knie tat ihm so weh, dass er demonstrativ drei Tage im Bett blieb. Er war nicht prinzipiell neidisch, nicht etwa missgünstig angesichts von Höchstpreisen bei wirklich grosser Kunst, nicht gehässig in Bausch und Bogen, nicht notorisch eifersüchtig, nein, er war nicht einmal neidisch auf Ferses angeblich genialen Stil, den er wie andere seiner Kollegen verabscheute, sondern er missgönnte dem korsisch-schweizerischen Maler einzig und allein die fast unbe-schränkte Publizität und finanzielle Einträglichkeit der abgrundtief dürftigen Werke.

Sein fünfundfünfzigster Geburtstag stand bevor, und Gork, dessen Misslaunigkeit sich schon tief in Gesicht und Gemüt eingenistet hatte, verspürte keine Lust, sich in seiner Erfolglosigkeit auch noch von mitleidigen Freunden feiern zu lassen, die ihm mit dem bildungsbürgerlichen Fingerzeig auf den grossen Vincent damit trösten würden, wahre Kunst sei schon immer brotlos gewesen, vielleicht nach dem eingängigen Motto: *Gork is the new Gogh.*

An einem jener unsagbar tristen Aprilnachmittage, die mit Nebel und Nieselregen die kleinste aller Weltstädte in einen Ort der vollkommenen Ausweglosigkeit verwandelten, entschloss sich der vom Schicksal gebeutelte Witwer zwei Tage vor seinem Wiegenfest, geschlagen mit dem Ingrimm des Verlierers, es dem verhassten Ferse wenigstens in geografischer Hinsicht gleich zu tun und in den Süden zu fahren. Er werde ein paar Tage weg sein, ausspannen, ja, etwas Licht und *dolce far niente* würden ihm nichts schaden, teilte Gork seiner Nachbarin mit, als er dieser auf dem Treppenabsatz begegnete. Und als verliehe ihm der Gedanke, die Stadt zu verlassen, neue Kraft, wuchtete er die zwei eilig gepackten Koffer in seinen alten Saab, dessen mit Stumpenmief imprägnierte Führerkabine ihn sogleich umschloss wie ein unentbehrlich gewordener Wintermantel die alternde Diva. Sobald er die Autobahnauffahrt erreicht hatte, zündete er sich eine Toscani an und bereitete sich paffend, die Destination fumatorisch vorwegnehmend, auf eine lange Fahrt vor.

Als Gork erwachte, war es gegen neun. Einzelne Sonnenbalken legten sich wie glühende Lakritzestangen durch die Sparren der Fensterläden, so körperhaft, dass er glaubte, sie mit einem metallischen Klacken abbrechen zu können. Mehr Lakritz, mehr Lux, mehr Licht!, dachte er und warf, erheitert vom morgendlichen Einfall, das raue baumwollene Laken von sich, sprang übermütig auf den kalten roten Klinkerboden und stiess die Läden auf. Das Licht der Toscana schoss nun nicht mehr als scharfer Lakritz herein, sondern floss als sanftträger Honig in das einfache Zimmer, das für Gork im selben Augenblick zu einem königlichen Schlafgemach wurde. Vor dem Haus stand, halb verdeckt von einer Pergola, sein Wagen, von dem er – ohne sein Zutun, wie ihm schien – in dieses kleine Nest gebracht worden war; ein Nest, dem er jetzt, inmitten des eindringenden Honigstroms stehend, die Kraft zutraute, es habe ihn mit magischen Kräften angezogen und schliesslich eingesogen. Die weit vernünftigere Hypothese, er habe das Dorf, in dem sich die preiswerte Pension befand, mangels einer zuverlässigen Strassenkarte aufs Geratewohl angesteuert, war für ihn aufgrund der sacharinösen Illumination in diesem Augenblick abwegig. Das Zimmer, das sich ganz mit süssem Südlicht gefüllt hatte, gewährte einen überwältigenden Blick auf Olivenhaine, Zypressen- und Pinienkreten und hellte Gorks düsteren Zustand so vollständig auf, dass sich in ihm das Gefühl ausbreitete, in einer windstillen seligen Bucht seines Daseins angelangt zu sein. Er fühlte sich eingetaucht und aufgehoben zugleich, ahnte im frischen Luftzug die Atmung des Kosmos, spürte, wie Wärme, Farbe und Form der Landschaft in ihn einströmten, ihn von innen heraus ausfüllten bis an die Zerknitterungen seiner inneren wie äusseren Physiognomie und diese nunmehr gänzlich glätteten.

Nachdem er sich rasiert hatte, blickte ihm ein freundlich lächelndes, faltenloses Gesicht entgegen, und erst jetzt kam es Gork in den Sinn, dass er heute Geburtstag hatte. «Auguri, Bonometto!», sagte er laut zu sich selbst und tänzelte hinunter in den kahlen Essraum, wo ihm die Inhaberin der Pension einen Kaffee und Süssgebäck servierte.

Es war schon nach Mittag, als Gork auf seiner ersten Erkundungsfahrt in ein Städtchen gelangte, das ihn entzückte. Fast wie in einem Bilderbuch thronte es auf einer steinigen gewölbten Anhöhe. Ein Zuckerhut, beinahe ein Stoff gewordenes Versprechen einer süsseren Zukunft, dachte er, als er die letzten Kehren zum engen Torbogen in der Stadtmauer nahm. Er stellte seinen Wagen im Schatten eines Baumes neben der Kirche ab und schlenderte durch die menschenleeren Gassen. Als er sich dabei ertappte, die ineinander geschobenen Baukuben mit Kandiswürfeln zu vergleichen, bewegte er seinen Kopf heftig hin und her, um das klebrige Bild abzuschütteln, was nicht so einfach war, weil es eben festsass wie Melasse. Meine Metaphorik kippt ins Lächerliche, dachte er. Es war eine verflixte Sache mit den Metaphern; hatte man einmal ein Bild in die Welt gesetzt und in Sprache verpackt, musste man das nächste nachschieben, bis der Metaphernkarren überladen kippte und in den Strassenstaub fiel, diesmal mitsamt dem ganzen Süsszeug.

Der Geruch von Tomatensauce und gebratenem Fleisch liess ihn endlich den lästigen Zuckerguss vergessen, der Honigschein am Himmel war mittlerweile in scharfes Mittagslicht übergegangen. Gork hatte Lust nach etwas Kräftigem, aber obgleich er schon zehn Minuten unterwegs war, hatte er noch kein Ristorante gesehen. Aus einem geöffneten Tor, das den Blick in einen rückwärtigen, von einem Verschlag verstellten Hofraum freigab, drangen merkwürdige Laute an sein Ohr. Abgerissene Sätze einer gutturalen Stimme, gefolgt von schrillem Keckern, sonorem Rülpsen und wieherndem Lachen, machten ihn neugierig. Er ging rechts am Verschlag vorbei und betrat einen schattigen Hinterhof, wo seltsame Menschen, deren geistige und soziale Unangepasstheit augenfällig war, um einen weiss gedeckten Tisch herumsassen und mit hörbarem Vergnügen Pasta assen. Bevor Gork, von seiner Indiskretion peinlich berührt, sich zurückziehen konnte, war auch schon eine junge Frau mit Silberblick aufgestanden und fiel ihm um den Hals.

«Il dottore, dottore, dottore, fai con me amore!», rief sie, als sie auch schon ruhig, aber bestimmt von einem Mann von ihm getrennt wurde.

«No, cara, non è il dottore», sagte der Mann mit sanfter Stimme, und dann, zum Eindringling gewendet: «Entschuldigen Sie, bitte, aber Sie sehen tatsächlich unserem Dottore ähnlich, und meine Leute sind oft sehr direkt, wie Sie bereits gemerkt haben. Suchen Sie jemanden Bestimmten?»

Gork verneinte. Er sei bloss zufällig hier vorbeigekommen, suche ein Ristorante. Erst jetzt hatte er Gelegenheit, den Mann näher zu mustern. Er war nicht sehr gross, schlank, feingliedrig und trug einen verwaschenen blauen Pullover.

«Ma bravo!», sagte der Mann lachend, «dann setzen Sie sich doch gleich zu uns, wir haben genug zu essen, wenn Sie unsere einfache Kost und die überaus manierlichen Tischsitten nicht stören. Macht unserm Gast etwas Platz!»

Beobachtet von teils misstrauischen, teils neugierigen Blicken, aber auch ignoriert von dumpf vor sich hinstarrenden Tischgenossen setzte sich Gork zu der ungewöhnlichen Gesellschaft. Der Gastgeber, der sich als Giuseppe Vivarelli vorstellte, klärte ihn rasch auf. Sie seien eine autonome Wohngemeinschaft, er selbst arbeite als Betreuer hier und freue sich immer über einen Besuch.

«Gork, Bonometto Gork», stellte sich nun auch der Neuankömmling vor, und einige der Tischgenossen lachten.

«Bonometto, Bonometto, vieni da me a letto!», trällerte die junge Frau, die Gork so stürmisch empfangen hatte und die, da er sie genauer betrachtete, eine geheimnisvolle Anziehungskraft auf ihn auszuüben begann. Bevor er sich klar werden konnte, was ihn faszinierte – war es der Blick, die roten Haare oder die frivol gezeigte nackte Schulter? –, schlug sie nach einem kurzen Wink Vivarellis auch schon kichernd ihre Augen nieder.

«Pia, benimm dich!», sagte der Betreuer lächelnd, den die Anzüglichkeiten des einfältig-aparten Mädchens jedoch nicht weiter in Verlegenheit zu bringen schienen. Vivarelli hatte sich bei der Selbsteinführung des Gasts ein Schmunzeln ebenfalls nicht verkneifen können, sodass Gork sich genötigt sah, seinen Vornamen zu kommentieren, zumal sich nun rund um den Tisch ein heiteres Mucksen und Glucksen erhob.

«Bonometto Gork ist mein Künstlername, mein Taufname ist Bonifaz Gorenbeck, aber das tönt für einen Maler doch etwas zu altbacken. Meine italienische Grossmutter rief mich als Kind stets Bonometto, und so habe ich den Kosenamen zum Vornamen und Gorenbeck zu Gork gemacht, die Innereien meines Familiennamens also gleichsam herausgerissen.» Diese Erklärung konnte zwar das Getuschel nicht zum Verebben bringen, aber wenigstens Vivarelli setzte wieder eine ernste Miene auf, und bald waren die beiden Männer in ein lebhaftes Gespräch verwickelt, bei dem Vivarelli, durch den Hinweis auf Gorks Beruf in eine bestimmte Richtung gelenkt, auf die Kunst der Verhaltensoriginellen zu sprechen kam, wie er sich ausdrückte. Die Begriffe «geistig behindert» und «geisteskrank» schien er absichtlich und tunlichst zu umgehen. Die andern am Tisch schien der Diskurs zu langweilen, und langsam zogen sie sich ins Haus oder einen Winkel des Hofs zurück.

«Es ist ein Jammer, dass Tocco nicht mehr bei uns ist, ein Schizophrener mit beachtlichen kreativen Fähigkeiten, soweit ich das mit meinen bescheidenen Kenntnissen beurteilen kann», sagte Vivarelli, zum ersten Mal eine diagnostische Bezeichnung verwendend, was auch mit der intimeren Gesprächssituation zu tun hatte.

«Roberto Tocco lebte ein ganzes Jahr bei uns und malte wirklich wie ein Irrer. Er produzierte über sechshundert grössere Zeichnungen auf Papier, und ich wollte im Winter gerade eine kleine Ausstellung auf die Beine stellen, als er eines Tages einfach verschwunden war. Wir hatten – und haben immer noch – keine Ahnung, wohin. Seine Eltern leben in einem kleinen Dorf in Kalabrien. Wahrscheinlich ist er dorthin zurückgekehrt. Aber weil wir hier nicht ein amtliches Aufsichts- und Kontrollinstitut sind, habe ich Toccos Spur nicht weiter verfolgt.»

Gork horchte auf. Eine leise Ahnung stieg in ihm auf, heute sei sein Honigs-, Kuchen- und Glückstag. Ob er etwas von Tocco sehen könne, fragte Gork mit gespielter Zurückhaltung, noch immer beobachtet und angelächelt von Pia, die sich aus der Küche lehnte und in ihm Gedanken an einen wilden Honigmond wachrief. Sie betraten ein kleines schmutziges Atelier. Vivarelli ging zu einem grossen Regal, wo auf offenen Schubbrettern die Werke seiner Schützlinge gestapelt waren, nahm ein grossformatiges Blatt heraus und legte es auf einen Tisch. Zwei rote männliche Figuren auf erdigem Grund, radikal vereinfacht und in extremer Spannung zueinander gestellt, raubten Gork beinahe den Atem. Ein Blatt folgte dem anderen, alle unsigniert, und was er sah, übertraf alles, was er seit zehn Jahren in den Museen nördlich der Alpen gesehen hatte. Toccos Arbeiten erschlugen ihn fast mit ihrer Wucht und strahlten doch gleichzeitig eine verletzliche Beseeltheit aus. Der Strich war unprätentiös, leicht und fiebrig, die teilweise pastos aufgetragenen und doch mit grösstem Raffinement ineinander verfiederten Farben von explosionsartiger Expressivität – kurz: Gork schien es, als stünde er vor den Werken eines Van Gogh des späten zwanzigsten Jahrhunderts.

Eine seltsame Müdigkeit überfiel ihn, die ihn gleichzeitig entspannt und in höchstem Masse aufmerksam werden liess. Das war er also, der glückliche Augenblick, dachte er, und bevor der Satz ganz zu Ende gedacht war, spann sich darum rasend schnell wie ein feiner Kokon aus feinster Zuckerwatte ein so einfacher wie genialer Plan. Vivarelli besass, so viel wusste Gork, gegenüber diesen Bildern einen kindlichen Enthusiasmus, verstand aber offenbar nicht viel von moderner Kunst und noch weniger von der Bedeutung dieses Werkes. Gork wusste sofort, wie er vorzugehen hatte.

«Seniore», sagte er gönnerisch, «ich bin wirklich beeindruckt. Es ist nur schade, dass sich heutigen Tags kein Galerist auf einen unbekannten Künstler dieses Randbereichs einlässt. Aber Sie haben Glück, dass Sie mich zum Essen eingeladen haben, denn ich selbst bin ein grosser Bewunderer naiver Kunst, insbesondere psychiatrischer Provenienz. Ich plane schon seit längerer Zeit, eine Stiftung zur Erhaltung verdrängter europäischer Gegenwartskunst zu gründen, und wäre am Ankauf dieser Bilder deshalb interessiert. Natürlich müsste ich aus wissenschaftlichen Gründen alle Blätter haben. Seien Sie versichert, ich würde Ihnen für diese Bilder zugunsten Ihrer Wohneinheit gerne einen fairen Preis bezahlen.»

«Oh, das ist ein unerwartetes Angebot, Seniore», sagte Vivarelli, «ich werde es mir gerne überlegen. Kommen Sie doch morgen nochmals vorbei, sagen wir um elf.»

Gork fuhr im sanften Abendlicht zurück zu seiner Herberge, aufgekratzt vor Glück. Am nächsten Morgen war man sich bald einig. Gork wunderte sich nicht über die Bereitwilligkeit Vivarellis, ihm restlos alle Kunstwerke Toccos zu verkaufen, hatte der Betreuer doch nie von dem riesigen Boom psychiatrischer Kunst gehört. Zudem stand die Wohngemeinschaft wahrscheinlich auf derart wackligen finanziellen Füssen, dass Vivarelli um jeden Zuschuss froh war. Gork zahlte für jedes Blatt fünf Euro und bekam damit alle sechshundert Werke für lächerliche dreitausend Euro.

Als Gork vier Tage später mit einem zusätzlichen Koffer in die Schweiz zurückkehrte, klopfte sein Herz, als er die Tür zu seiner Wohnung aufschloss. Als Erstes legte er die Arbeiten Toccos auf den Boden seines Wohnzimmers und begann sie voller Ehrfurcht und tiefer Zufriedenheit abzuschreiten. Dann sammelte er sie wieder ein, legte sie auf einen Stoss und begann, ein Blatt nach dem anderen zu signieren: Gork.

Am nächsten Morgen flanierte Gork gut gelaunt in die Innenstadt, unter dem rechten Arm eine schwarze, lederne Kunstmappe. Peter Schynegger, der umtriebige Inhaber der wichtigsten Galerie Zürichs, war hell begeistert von den wenigen Arbeiten, die ihm Gork zeigte. Er war in seinem Lob kaum zu bremsen.

«Woher haben Sie bloss die Kraft zu diesem Neuaufbruch genommen? Diese Arbeiten sind das Beste, was ich seit drei Jahren auf dem Kunstmarkt gesehen habe!», rief er mit emphatischer Gebärde.

Innerhalb nur eines Monats hatte Schynegger eine Ausstellung konzipiert, in der er vierzig von Gorks neuen Werken ausstellen wollte. Geschickt liess Schynegger Gerüchte streuen, eine epochale Wende der postmodernen Kunst stehe bevor, eine radikale Rückkehr zur ehrlichen Malerei. Die Präsentation wurde denn für Gork auch zu einem einzigartigen Triumph. Zürcher Sammler rissen Schynegger die Werke aus den Händen. Nach einigen Wochen war Gorks Spätphase Tagesgespräch in allen einschlägigen Lokalen und Galerien. Die Kunde von den Bildern, die den Betrachtern direkt in den Magen gingen, verbreitete sich im Internet, und bald drängten sich die ersten Händler aus Tokio, New York und London in die Galerie an der Rämistrasse. Schnell waren die ersten vierzig Bilder verkauft und Bonometto Gorks Konto gefüllt wie nach einem märchenhaften Geldregen.

Die Kritik überschlug sich in panegyrischen Ergüssen, sprach von atemberaubender Ehrlichkeit, von der Wucht des zu sich selbst gekommenen Genies, von einer künstlerischen

Singularität aussergewöhnlichen Ausmasses. Endlich schmückte Gorks Name die ersten Seiten der Feuilletons. Auf dem Titelblatt einer Boulevardzeitschrift prangte sein Konterfei: Gork in nachdenklicher Pose und mit gepuderter Glatze. Die Sammler bestürmten den Maler, aber der hatte sich klugerweise vorgenommen, nur in kleinen Dosen zu verkaufen und zuerst zu warten, bis die Legende fertig gestrickt war und die Preise schwindelerregende Höhen erreichten. Gork dachte nur noch mit Mitleid an Louis Ferse, der zwar auch noch viel Geld verdiente, aber von der ernst zu nehmenden Kritik immer noch übergangen wurde. Bonometto, das gute Männchen von Zürich, hatte den internationalen Durchbruch gleichsam über Nacht geschafft und genoss das seltene Vorrecht, ein fleischgewordenes Paradigma zu sein.

Hier ist nun, nach so glatter, teils honigschleckiger Fahrt zu den Höhen des künstlerischen Parnass, kurz einzuhalten. Die Frage, wo denn der Haken liege, der Fallstrick gespannt, der Hinterhalt gelegt sei, werden wir uns ebenso gefallen lassen müssen wie die, auf welche erzählerische Spitze das Ganze hinauslaufe. Dass unser schlitzohriger Bonometto selbst einem Schwindel aufgesessen sei, ist angesichts des handgreiflichen Erfolgs ebenso von der Hand zu weisen wie die Vermutung, unser Held träume seinen Durchbruch nur (vorsichtshalber hat sich nämlich Gork kurz nach seiner Ankunft in Zürich in den Arm gezwickt). Die schlimme Ahnung kommt aus einer anderen, durchaus nicht so süssen Ecke des Erzählrepertoirs; und wir entschuldigen uns für die implizite und fast beleidigende Unterstellung, die Leserinnen und Leser hätten den diesbezüglich bedeutsamen Verdacht nicht schon lange selbst gehegt. Kann, fragt sich doch ein erfolgreich globalisierter Mensch, kann denn die Tatsache, dass ein solch unglaubliches Werk eines italienischen Psychiatriefalles existiert, vor allen Menschen verheimlicht werden? Kann denn Gorks Betrug geheim gehalten werden angesichts des rund-, netz- und gitterläufigen Informationsflusses, der uns täglich beglückt? Und wir antworten auch gleich brav mit einem vorläufigen, beruhigenden Nein, das die Geschichte glücklicherweise weitertreibt. Der Judas, den wir hiermit auf den Plan rufen und der Gorks Betrug aufdecken soll, ist seines Zeichens Kunstgeschichtsstudent im letzten Semester und heisst Alfonso Signoretti. Um uns nicht unnötigen Irritationen auszusetzen, schubsen wir diesen ins Imperfekt zurück, wo er seine naseweisen Kenntnisse gegen unsern Helden ins Feld führen kann.

Dem Studenten Signoretti also, einem hochintelligenten Mann, kamen die neuen Bilder Gorks irgendwie bekannt vor. Wo hatte er diese kraftvoll kontrastierten Gestalten schon einmal gesehen? Plötzlich fiel es ihm ein. Ein Freund, der Lehrer an einem Gymnasium gewesen war, hatte einst ein ganz ähnliches Bild aus einer psychiatrischen Wohngruppe in Italien mitgebracht. Aber nein, es waren nicht ähnliche Bilder, dachte Signoretti, es waren genau dieselben. Die Bilder, die so plötzlich und unverschämt die Kunstwelt durcheinander brachten, konnten nicht von Gork stammen, sondern waren von einem schizophrenen Italiener gemalt! Da der Freund Signorettis seit zwei Jahren auf einer Südseeinsel lebte, bar allen elektronischen Firlefanzes, war der alerte Student auf Vermutungen angewiesen. Zwei Tage nach seiner Entdeckung sass Signoretti dem Präsidenten der Schweizer Galeristenvereinigung gegenüber. Friedrich Schwander hörte Signoretti geduldig zu, schmunzelnd und gleichzeitig leicht gelangweilt. Dann sagte er bestimmt und nicht ohne Mitleid zu signalisieren: «Verehrter Herr Signoretti, was Sie hier von Maestro Gork behaupten, ist schwerwiegend. Und es ist völlig unoriginell und abgegriffen. Die Geschichte vom glücklosen Künstler, der auf das unbekannte Genie des Jahrhunderts stösst und es schamlos ausbeutet, ist der Treppenwitz der Kunstgeschichte, eine Wandersage sozusagen. Diese Story ist so trivial, dass sie auf mehrere Verfilmungen zurückblicken kann, in allen Varianten, versteht sich. Nicht einmal ein Schwachkopf verfiele auf die Idee, Ihre Geschichte zu glauben; und Ähnlichkeit mit anderen Werken gibt es natürlich immer, das müssten Sie genauso gut wissen wie ich, schliesslich kennen Sie ja die Geschichte des Einflusses der Art brut auf die Grossen der Moderne. Und nun wünsche ich Ihnen noch einen schönen Tag, auf Wiedersehen.» Der wohlwollend, aber mit Bestimmtheit entlassene Kunststudent zog sich gekränkt zurück. Geschlagen würde er sich nicht so leicht geben.

An der Finissage von Gorks Ausstellung strömten die *Crème de la crème* der Zürcher Kulturszene und Gäste aus dem In- und Ausland zusammen. Alle namhaften Museen der Welt waren vertreten und die *Neue Zürcher Zeitung* hatte ihren besten Rezensenten geschickt. Es war ein trüber, regnerischer Tag, und das Prasseln des Regens liess die existenzielle Zerrissenheit der Figuren auf den vermeintlichen Werken Gorks noch brutaler erscheinen. Nachdem Nestor von Waberstein, der Doyen der schweizerischen Kunstszene, die Ansprache beendet hatte, brüllte jemand (und wir wissen auch schon, wer) laut aus der Menge: «Diese Bilder stammen nicht von Gork. Sie wurden von einem Schizophrenen gemalt!» Zuerst herrschte völlige Stille. Dann ging Gork auf den jungen Mann zu, der das Ungeheuerliche gerufen hatte. Er war grimmig entschlossen, sich die einmal begonnene Glücks- und Honigfahrt nicht von einem dahergelaufenen Hitzkopf durchkreuzen und kaputtmachen zu lassen. Nichts sollte seinen Durchbruch rückgängig machen. Und so sprang er geschickt wie ein Surfer auf die vernichtende Brandungswelle, die wir zur Bestrafung seiner Vermessenheit längst schon in Gang gesetzt haben und die sich so blind wie ein in Rage geratenes Nashorn in gerader Richtung weiterbewegt, dass wir unsererseits die Kontrolle schon längst verloren haben.

«Verehrtester», rief Gork, der sich nun trotz Korpulenz elegant in Pose warf, «das ist das grösste Kompliment, das Sie mir nur machen konnten. Welch tiefes Verständnis für die Abgründe und Widersprüche der Seele spricht aus Ihrem spontanen Ruf, welche Reife und welche Kompetenz! Haben Sie etwas Zeit für mich, so folgen Sie mir doch ins Hinterzimmer.»

Signoretti geriet aus der Fassung. Alles hatte er erwartet, eine empörte Gegenrede, einen Rausschmiss, alles, nur nicht, von Gork gelobt zu werden, der ihn jetzt, durch die Menschenmenge tänzelnd, mit sich zog. Er war von den anerkennenden Worten derart überrascht, dass er dem glatzköpfigen Meister fast willenlos folgte. In einem Hinterzimmer fasste Signoretti sich wieder: «Sie sind ein Betrüger, Herr Gork, diese Bilder stammen nicht von Ihnen, sondern aus einer psychiatrischen Wohneinheit in Italien!»

«Diese Bilder stammen also nicht von mir? Natürlich nicht, lieber Freund», sagte Gork mit Emphase, «kein gutes Bild stammt von der beschränkten Künstlerseele, die es gemalt zu haben glaubt. Hat Leonardo da Vinci die Gioconda gemalt? Nein, sage ich, vielmehr da Vincis Genius. Aber zurück zu Ihnen. Erlauben Sie mir die Frage: Was wollen Sie eigentlich?»

«Gerechtigkeit, Wahrheit ...», stammelte Signoretti, irritiert durch das verwirrende Lavieren Gorks.

«O ja», gab der kahlköpfige Maler verträumt zur Antwort, «Wahrheit! Was ist Wahrheit? Die Frage des Pilatus, nicht wahr? Welch grosses Wort. Herr Signo...»

«Signoretti.»

«Herr Signoretti,» fuhr Gork fort, nun endlich sicher auf dem rhetorischen Surfbrett dahingleitend und bereit, unsere spielverderberische Pointe zu durchkreuzen. «Sie wollen doch sicherlich promovieren. Haben Sie schon ein Thema? Nicht irgendeines, ich meine ein grosses, eines, das Ihnen selbst zum Durchbruch verhelfen könnte, eines, das Sie herausheben würde aus dem blässlichen Mittelfeld der Studentenschaft. Ich mache Ihnen einen Vorschlag: Schreiben Sie Ihre Dissertation doch über den überraschenden Stilwandel bei Bonometto Gork. Ich werde Ihnen Einblick in meine Tagebücher geben und selbstverständlich in meinen Briefwechsel. Stellen Sie sich vor, welche Chance, welche Möglichkeit – epochal! Und ich werde Ihnen mein bestes Bild überlassen, unentgeltlich selbstverständlich, als Zeichen meiner tiefen Wertschätzung und meiner Verbundenheit mit der wahrheitsliebenden Jugend.»

Signoretti war baff. Bleich geworden, kehrte er sich um, ging zum Fenster und schaute hinaus auf den regennassen Hinterhof. Dieser Kerl war wirklich der Ausbund an Unverschämtheit, wollte ihn bestechen, kaufen, zu einem Werkzeug seines riesigen Betrugs machen. Wie widerlich, wie erbärmlich! Nein, nicht mit mir!, dachte Signoretti, und Gork lächelte, weil er diese Gedanken erriet. Nein, wenn er schon über Gork schriebe, würde er in seiner Dissertation vielmehr den Kunstbetrüger entlarven, würde der Wahrheit zum Durchbruch verhelfen, eine Wahrheit, die alle interessieren ... Alle? Er schluckte leer.

Gork rieb sich vor Vergnügen die Hände, denn er wusste, wohin Signorettis Gedanken getragen wurden. Wer würde sich für den entlarvten Betrüger Bonometto Gork noch lange interessieren? Es wäre höchstens ein Thema für eine müde Schlagzeile, morgen schon vergessen. Und wenn die Werke wirklich von einem Schizophrenen gemalt wären, kämen ganz andere Kriterien zur Anwendung. Kein Professor würde auf ein solches Dissertationsthema eintreten. Es wäre schlicht zu banal. Interessant, sogar aufsehenerregend war Gorks vermeintliches

Werk nur, solange alle an seine Authentizität glaubten. Dann hätte auch die Sekundärliteratur den Stellenwert in der Kunstwelt, der einen Doktoranden auf einen Schlag berühmt machen würde. Und tatsächlich dachte Signoretti, was Gork auch dachte. Der Student dachte an all die Kolumnen in den führenden Zeitschriften der Welt, an die Fernsehsendungen, die enorme Auflagenzahl seiner Dissertation, die Publicity, den Ruhm des Biografen eines so bedeutenden – Fälschers? Nein, Schwander hatte natürlich Recht, die These vom Kunstklau war zu naiv, ein Treppenwitz, wie gesagt. Madonna mia, dachte Signoretti, immer noch in den Regen starrend, aber plötzlich selbst illuminiert, ich werde Kunstgeschichte schreiben und teilhaben am Glanz, der von Gorks Werk auf die ganze Menschheit fällt.

Signoretti kehrte sich um und trat auf Gork zu.

«Verehrter Meister», sagte der Student mit einer Mischung aus Ironie, Resignation und gespannter Erwartung, «es ist mir eine Ehre, der Erste zu sein, der über Ihr überragendes Spätwerk eine Monografie schreiben darf. Verzeihen Sie meine Ausfälligkeit. Aber ich hatte ganz kurz den Eindruck ... ein Missverständnis ... ein unverzeihlicher Ausrutscher meines Gedächtnisses ... ein Fauxpas. Vergeben Sie mir?»

Gork, der uns samt der höheren Gerechtigkeit am Ende mit seinem wilden Ritt gegen die Brandung des Schicksals ausgetrickst hat, nickte. Er fühlte, wie sich Signorettis Hände um die seinen schlossen, und hörte diesen sagen: «Der Wahrheit Ihres Genies muss Genüge getan werden, nicht mehr und nicht weniger. Sie stehen am Anfang einer universalen Rezeption. Sie sind ein leuchtender Komet am Kunsthimmel, was sage ich, Sie sind ein Fixstern, und ich werde Ihr Eckermann sein, Ihr demütigster Diener.»

Nachzutragen bleibt unserer Geschichte nur noch eine Kleinigkeit. Zwei Tage nach der Ausstellung brachte man Gork einen Artikel aus dem *Corriere de la Sera,* bei dessen Lektüre der Maler bleich und bleicher wurde. In diesem Artikel verlieh ein Kunstpädagoge namens Vivarelli seiner Dankbarkeit darüber Ausdruck, dass der grosse Künstler Bonometto Gork der Stiftung «Hoffnung für behinderte Maler» die Summe von 500 000 Euro überschreiben werde. Vivarelli, der designierte Stiftungsratspräsident, wurde wörtlich zitiert: «Ich gratuliere dem Dottore zu seinem reifen Spätwerk und bin gerührt über dessen grosszügige Spende für unsere Stiftung. Sie ist nicht zuletzt dazu da, psychisch behinderten Künstlern endlich ihren gebührenden Platz in der Kunstwelt zu verschaffen.»

ACHT

MISSION APOLLO 8

Ende der siebziger Jahre liess ich eines Tages im Regionalzug einen Gegenstand liegen, der wohl nicht alle Tage liegen gelassen wird: ein Kartonkästchen, bedruckt mit Motiven aus der Weltraumfahrt; auf dem Deckel die Kapsel der Apollo 8.

In der Schachtel befand sich der altgriechische Grundwortschatz, den man zum Verständnis der Lektüre des Neuen Testaments benötigt. Die Wörter waren von mir sorgsam auf kleine Lernkärtchen geschrieben worden. Auf der einen Seite stand das griechische Wort, auf der anderen die deutsche Übersetzung.

Damals ärgerte ich mich über den Verlust meiner Kartei, einen Verlust, den ich erst zu Hause bemerkte. Aber weil die Griechischprüfung bereits hinter mir lag und ich die Kärtchen deshalb nicht mehr unbedingt benötigte, verschob ich den Gang aufs Fundbüro immer wieder, bis die Sache vergessen und es zu spät war, den Fundgegenstand zu behändigen. Apollo 8 war verschollen.

Später hegte ich manchmal den Wunsch, meine Griechischkenntnisse aufzufrischen, wobei mir die Kärtchen wertvolle Dienste erwiesen hätten. In diesen Momenten vermisste ich sie und fragte mich, wohin sich Apollo 8 wohl verirrt habe.

An einem sonnigen Maientag im Jahre 1998 fuhr ich mit dem Intercity von Basel nach Zürich. Im Raucherabteil hatte ich meine Havanna fertig geraucht und wechselte während der

Fahrt ins gut besetzte Nichtraucherabteil. Ich setzte mich einem weisshaarigen alten Mann gegenüber, der gepflegt gekleidet war und offensichtlich mit kleinen Karteikärtchen eine Fremdsprache lernte. Kaum sass ich, durchzuckte es mich. Dann schien sich die Zeit plötzlich zu verlangsamen. Eine wohlige Müdigkeit erfasste mich. Ich kannte dieses Gefühl. Es war ein Déjà-vu. Stand da nicht meine Apollo 8 samt Inhalt auf dem Abstelltischchen? Oder war es eine Sinnestäuschung, bedingt durch die nachmittägliche Hitze und die Müdigkeit?

«Entschuldigen Sie», entfuhr es mir nach einiger Zeit stossweise, «die ... die ∞. diese Schachtel ...»

Der alte Mann sah von seinem Kärtchen auf und betrachtete mein offensichtlich verblüfftes Gesicht ohne erkennbares Erstaunen.

«Ich habe auf Sie gewartet», sagte er ruhig, «obwohl mir Ihre Schrift nie verraten hat, wie Sie aussehen würden. Ich habe achtzehn Jahre auf Sie gewartet. Jetzt kann ich Ihnen Ihr Eigentum endlich zurückgeben.»

Die sanfte Stimme und die Selbstverständlichkeit, mit der er mir das alles mitteilte, verwirrten mich vollends. Es gelang mir nicht, aus dem hypnotischen Zustand herauszutreten, und ich hörte meine Stimme wie von weit weg:

«Aber warum wissen Sie, dass ich ... dass diese Schachtel mir gehört?»

«Nun», sagte der Mann, dessen wässrige blaue Augen mich noch müder werden liessen, «ich kenne unterdessen die Reaktionen der Leute auf diese Kärtchen und dieses Pappkästchen recht gut. Nur sein Eigentümer kann so reagieren wie Sie. Ich habe diese Schachtel vor achtzehn Jahren auf einer Versteigerung im Fundbüro Sankt Gallen erstanden, weil mir die Weltraumkapsel so gut gefiel. Der Inhalt war mir eigentlich gleichgültig. Aber dann faszinierten mich die seltsamen Schriftzeichen auf den Kärtchen. Ich fragte unseren Pfarrer, von dem ich erfuhr, es sei Griechisch, im Besonderen die Sprache des Neuen Testaments. Ich begann mich für diese Sprache zu interessieren, kaufte ein Lehrbuch, später das griechische Neue Testament, in dem ich heute noch jeden Tag lese.»

«Aber dann brauchen Sie ja die Kärtchen gar nicht mehr!», versetzte ich wie einer, der langsam aus der Narkose erwacht.

«Natürlich nicht», sagte der Alte verschmitzt, «aber ich habe sie auf jede Reise, auf jeden Ausflug, auf jede Zugfahrt mitgenommen in der Hoffnung, eines Tages auf ihren Besitzer zu stossen. Heute ist es endlich so weit. Ihre Vergesslichkeit, werter Herr, hat mir eine Welt, nein, einen Kosmos erschlossen, und diese Schachtel, die für mich ihren Dienst erfüllt hat, war das Raumschiff auf meiner spannenden Reise. Nun gebe ich Ihnen alles unversehrt zurück. Kein Kärtchen fehlt.»

Unterdessen hatte sich bei mir das normale Zeitgefühl wieder eingestellt. Die Landschaft flitzte vorbei und mir wurde bewusst, dass ich Apollo 8 wiedergefunden hatte. Und ich kann nicht leugnen, dass mich die Worte des alten Mannes gerührt hatten.

«Dann war es also eine glückliche Fügung», sagte ich, «dass ich diese Schachtel vor zwanzig Jahren habe liegen lassen. Im Grunde brauche auch ich die Kartei nicht mehr. Behalten Sie sie doch als Erinnerungsstück.»

Der Alte lächelte.

«O nein, jetzt, da ich den Eigentümer gefunden habe, ist meine Aufbewahrungspflicht beendet. Aber vielleicht kann Apollo 8 einen anderen Menschen mitnehmen auf die grossartige Reise in die Vergangenheit und zu den Geheimnissen der Heiligen Schrift.»

Ich hatte verstanden. Als der Zug in Zürich einfuhr, warteten wir in unausgesprochenem Einverständnis, bis die Reisenden ausgestiegen waren. Dann folgten wir als Letzte und liessen Apollo 8 im Abteil stehen. Auf dem Perron verabschiedeten wir uns schweigend, ohne uns mit Namen vorgestellt zu haben.

DER WORT
TELEFONBEANTWORTER

Hier spricht der automatische Telefonbeantworter von Maximilian von Arx, ich bin zurzeit leider nicht zu Hause ... Moment! Warum «leider»? «Leider» vielleicht für Sie oder für dich, liebe Amarilla, falls du es sein solltest. Nüchtern betrachtet ist dieses «leider» Unsinn, eine verräterische Floskel, eine unbegründete Wertung, ja geradezu eine Entschuldigung. Also nochmals.

Hier spricht der automatische Telefonbeantworter von Maximilian von Arx, ich bin zurzeit nicht zu Hause ... Halt! natürlich bin ich, der automatische Telefonbeantworter, momentan zu Hause – zum Glück sogar und durchaus nicht «leider», da sonst ja niemand geantwortet hätte. Dagegen ist Maximilian von Arx zurzeit nicht zu ... oder doch, zurzeit bin ich eigentlich immer noch zu Hause und bespreche meinen Telefonbeantworter, der seinerseits natürlich nicht «ich» sagen kann, da er eine Maschine ist. Ich bitte Sie deshalb, meinem Beantworter die Frechheit zu verzeihen, sich eines Ichs bedient zu haben. Also nochmals.

Hier spricht Maximilian von Arx auf dem automatischen Telefonbeantworter, der zurzeit zu Hause ist, im Gegensatz zu mir, der ich jetzt, da Sie mich auf dem Telefonbeantworter hören, nicht zu Hause bin, aber als Stimme des automatischen Telefonbeantworters während einer von mir nicht zu definierenden Zeitspanne zu Hause war ... Nein, das ist zu verwirrend!

Hier spricht die Phantomstimme von Maximilian von Arx auf dem Telefonbeantworter, das ist es! Ich bin zurzeit zu Hause, mein Träger Maximilian von Arx jedoch nicht, wenn Sie verstehen, was ich meine ... Damit wir uns aber nicht falsch verstehen: Natürlich ist die Phantomstimme von Maximilian von Arx durchaus die meine, die Stimme von Maximilian von Arx, der zurzeit nicht zu Hause ist, aber beim Entstehen der Phantomstimme zu Hause war ... Präziser also!

Hier spricht wirklich Maximilian von Arx, ich bin zurzeit zu Hause und nicht zu Hause. Wenn Sie jetzt meine Stimme, das heisst die Ihnen deutlich vernehmliche Phantomstimme von Maximilian von Arx, hören, könnte ich möglicherweise auch schon gestorben sein, nein, nicht ich als Phantomstimme, sondern als aushäusiger Stimmgeber der Phantomstimme, die dann eine verwaiste Phantomstimme wäre.

Also: Ich, Maximilian von Arx auf dem Telefonbeantworter, bin zurzeit, da Sie meine Stimme von hier zu Hause hören, nicht zu Hause oder tot ... Warten Sie bitte noch ein wenig; ich muss mich konzentrieren! Der Leihgeber der Stimme, die Sie hören, ist Maximilian von Arx, der zurzeit im schlimmsten Falle aushäusig tot ist. Falls Sie mir oder genauer genommen dem Telefonbeantworter etwas mitteilen wollen, so sprechen Sie nach dem Piep ... Stopp! Legen Sie doch am besten den Telefonhörer nochmals auf und rufen Sie mich, das heisst genauer genommen meinen Telefonbeantworter, der die gleiche Nummer hat wie ich und auch die gleiche Identität, unter gewissen, bereits erläuterten Umständen ... Also rufen Sie die von Ihnen gewählte Nummer nochmals an, und vergewissern Sie sich, ob die Phantomstimme von Maximilian von Arx immer noch zu Hause ist. Sollte sie noch zu Hause sein, heisst das wie gesagt gar nichts, da Maximilian von Arx, den ich zurzeit für Sie auf dem automatischen Telefonbeantworter vertrete, im Grunde auch bin und paradoxerweise auch nicht bin, da dieser Maximilian von Arx bereits dahingeschieden sein könnte. Aber nein, seien Sie nicht schockiert!, würde ich, der wirkliche Maximilian von Arx, der ich zurzeit, da ich dies sage, ja auch durchaus bin ... würde ich Ihnen also jetzt sagen und sage es auch.

Liebe Amarilla, falls du es bist, beginne nicht gleich zu weinen, ich bin noch ganz putzmunter ... Jetzt wenigstens, das heisst für deine Perspektive natürlich damals, vor unbestimmter Zeit, als ich noch die Kraft hatte, diese Telefonansage zu machen. Falls Sie es jedoch sind, Chef, werden Sie bestimmt denken, einer, der so lange spreche, müsse wirklich zu Hause sein. Sie liegen falsch, ich bin unter den oben bereits hinlänglich definierten Konditionen nicht zu Hause ... wobei ... wobei es natürlich möglich wäre, dass ich gerade jetzt, da Sie diesen Satz vernehmen, in Ihrer Jetzt-Zeit gewissermassen, nach Hause komme und vielleicht den Schlüssel in meiner Hosentasche nicht finden kann. Falsch, falsch! Der Telefonbeantworter, der im Präsens spricht, kann ja gar nicht nach Hause kommen. Anders herum: Sie liegen, da Sie das hören, richtig, dass ich möglicherweise nach Hause kommen werde und den Schlüssel in meiner Hosentaschen nicht finden kann, ich als wirklicher Maximilian von Arx, versteht sich, den Sie zurzeit als irgendwie unwirklichen hören ...

Hier spricht also zurzeit der wirkliche Maximilian von Arx als Phantomstimme des anwesenden Telefonbeantworters des abwesenden Maximilian von Arx, und ich bitte Sie, noch eine kleine Weile zu warten, da ich, das heisst der existenzielle Träger des auditiv präsenten Ichs, das zurzeit kein ganzes und gegenwärtiges ist, da dieses Ganz-Ich zurzeit, präzise gesagt: zu dieser Ihrer oder deiner Zeit, je nach dem ob wir auf Siezoder Duzfuss stehen, da also der wirkliche Maximilian von Arx möglicherweise gerade vor der Tür steht und den Schlüssel sucht, falls er noch nicht aushäusig verstorben ist, was selbstverständlich die Ihnen oder dir vernehmbare Stimme zu einer jenseitigen machen würde – so wie die Stimmen der auf

Tonbändern sich äussernden Erblasser in den Kriminalfilmen aus einer Zeit, als es noch keine Telefonbeantworter gab. Also bleiben Sie am besten dran und legen Sie nicht auf, um mich danach noch einmal anzurufen, da ich sonst plötzlich in die Vergangenheit zurückgerissen würde und nochmals den ganzen Weg nach Hause kommen und den Schlüssel noch länger suchen müsste, falls ich, wie gesagt, noch nicht gestorben bin, was ich im Zeitpunkt dieser Durchsage glücklicherweise nicht bin, was sich eigentlich aus der menschlichen Logik von selbst ergibt; wogegen ich nicht wissen kann, ob meine Stimme für mein Gegenüber, je nach dem für dich, Amarilla, oder für Sie, Chef, ob also meine Stimme noch ein einlösbares Versprechen darstellt oder bereits eine jenseitige Nachricht sein wird oder ist. In letzterem Falle wäre die Folge, dass Sie nicht noch länger auf mich warten müssten oder eben gar nicht mehr, was die ganze Sache – darin werden Sie mir Recht geben und wirst auch du, Amarilla, mir wenigstens einmal Recht geben – um einiges vereinfachen würde. Dabei vergesse ich als wahrer Maximilian von Arx, als der ich ja gerade, mit stetig zunehmender Konfusion übrigens, noch vor meinem Telefonbeantworter sitze, aber geradezu auch als Phantomstimme ... also, ich vergesse, dass wir uns schon eine geraume Zeit prächtig miteinander unterhalten haben; wobei die Unterhaltung doch etwas einseitig ausgefallen ist, ausfallen wird, ausgefallen sein wird oder wie auch immer.

Hier spricht also der vielleicht bereits aushäusig verstorbene, aber zur Sprechzeit noch putzmuntere Maximilian von Arx in einer Art Doppelrolle als real existierender Technikbenützer und als Phantomstimme auf dem im Grunde halbautomatischen Telefonbeantworter des gleichnamigen Maximilian von Arx, den Sie bei etwas Geduld – falls ich den Schlüssel rechtzeitig finde – noch selbst und nach der Wiedervereinigung seiner Doppelexistenzen beim Ausschalten des automatischen Telefonbeantworters von Maximilian von Arx höchstselbst ans Telefon bekommen werden, wobei ich auch dich, liebe Amarilla mitgemeint haben möchte, obgleich ich annehme, dass du jetzt, da du diesen Satz nicht mehr hörst, bereits entnervt aufgehängt haben wirst.

Sagen Sie also nach dem Piepston nichts, warten Sie einfach ab. Wenn diese Stimme abbricht, werde ich sowohl gleich das Haus verlassen als auch möglicherweise gleich zur Tür hereinkommen. Ob ich nun gleich das Haus verlassen werde, ist – überlege ich mir die Sache recht – auch nicht wirklich sicher, denn ich könnte durchaus auch schon in meinen vier Wänden sterben, ohne dass es mir vorher gelingen wird, meinen Telefonbeantworter neu und gleichsam final für einen solchen letalen Fall zu programmieren, was von der ganzen stimmlichen Anlage natürlich auch einen ganz anderen Grundton verlangen würde. Falls ich aber doch bereits tot bin, Quatsch!, tot sein werde – in meinen vier Wänden liegend oder aushäusig –, so hast du, liebe Amarilla, falls du wider Erwarten immer noch an der Strippe hängst ... so hast du mich selbst oder wenigstens meine Phantomstimme doch wenigstens noch einmal ausgiebig gehört, was einen kleinen Trost darstellen und dich für die wirklich bewundernswerte Geduld entschädigen würde ... nein, entschädigt hat, diese vom historischen Maximilian von Arx gesprochene Phantomdurchsage des halbautomatischen Telefonbeantworters von Maximilian von Arx bis zum Ende abgehört zu haben.

Bleib dran, Amarilla! Bleiben Sie dran, Chef! Bleiben Sie dran, wer auch immer Sie sein mögen! Es gibt keinen Grund zur Sorge ...

DER LETZTE TRAUM

Seit einiger Zeit war sein Lebensüberdruss gewachsen. Kaum ein Tag verging, an dem er nicht in der Firma Mobbing wahrnahm oder wahrzunehmen glaubte. Zu Hause schien seine Frau nur noch an ihm herumzunörgeln. Dazu machte ihm sein seelischer Zustand zu schaffen, der einer wild gewordenen Achterbahn glich. Er war deshalb in ärztlicher Behandlung und nahm zur Vorbeugung Lithium, ein Element, das bei manisch-depressiven Erkrankungen eingesetzt wird.

Vor einem halben Jahr hatte der Prokurist Francesco Nebel ein traumatisches Erlebnis gehabt. Ein Infekt hatte ihn ins Bett geworfen, eine fürchterliche Grippe, die auch in der zweiten Woche nicht abklingen wollte. Zwar hatte er in der dritten kein Fieber mehr, aber er fühlte sich noch immer sehr schwach. In der Nacht sah er bei vollem Bewusstsein flimmernde Bilder vor seinen Augen, als ob er einen Fernseher vor sich hätte. Bis er sich eingestanden hatte, dass er an Halluzinationen litt, war es schon zu spät. In einem Restaurant brach er eines Tages zusammen und wurde ins Spital gebracht. Die Ärztin liess das Blut untersuchen und diagnostizierte eine Lithiumvergiftung, die sie auf mangelnde Flüssigkeitszufuhr während der Grippezeit zurückführte.

Francesco Nebel verleidete das Leben von Tag zu Tag mehr. Der einzige Trost waren seine nächtlichen Träume, deren farbigen Bilder und phantastischen Abläufe ihn für seine alltägliche Frustration entschädigten. Seit der Lithiumvergiftung träumte er nämlich intensiver als je zuvor, konkreter, plastischer. Vielleicht lag es daran, dass er sich stärker auf seine Träume zu konzentrieren begann, sie ab und zu sogar aufschrieb. Da er schnarchte, schliefen die Nebels schon lange getrennt.

Eines Nachts erwachte er. Vor der Tür regte sich etwas, Licht drang in sein Schlafzimmer. Was machte seine Frau mitten in der Nacht auf dem Flur? Die Tür öffnete sich. Vermummte Gestalten betraten sein Zimmer. In diesem Moment wurde ihm klar, dass er träumte. Die Gestalten forderten ihn auf, das Bett zu verlassen. Sogleich befand er sich mit ihnen in einem Zimmer, das aussah wie ein Rokokogemach. Die Atmosphäre war gelöst und heiter, man machte Scherze und gab Wortspiele zum Besten. Dann erwachte er wirklich. Noch nie hatte er so klar und realitätsnah geträumt. Es war phantastisch. Die Bilder waren so deutlich, als wären sie fotografisch in sein Hirn eingebrannt. Er zündete das Licht an, stand auf und trank ein Glas Wasser, um dann wieder ins Bett zurückzukehren.

Nach einer Weile wiederholte sich der Traum: scheinbares Erwachen, die vermummten Gestalten, das Rokokozimmer. Nebels Traum-Ich begriff sofort, dass er in Fortsetzungen träumte. Überraschend betrat Prinz Charles von England den Raum. Eine melodramatische Szene um die Thronfolge begann. «Charles, du dummer Kleiner, du bekommst den Thron nie», schrie die Queen, und Charles schlug ihr mit dem Regenschirm über den Kopf! Es wurde gelacht, gespottet, gefeixt und geweint: eine turbulente Sache. Und plötzlich wurde er, Francesco, gebeten, in den kommenden politischen Wirren die Rolle von Charles zu übernehmen, sozusagen als Stuntman. Gab es denn keine gut aussehende Frau in diesem Stück?

Wieder kehrte er mit einem kurzen Ruck in die Wirklichkeit zurück, dachte über die beiden Träume nach und war fest überzeugt, dass es noch weiter gehen würde. Kurz darauf schlief er wieder ein. Eine altertümlich gekleidete Dienstmagd mit einem Schafsgesicht weckte ihn, er sprang aus dem Bett und gleich hinein in sein Rüschenhemd und den roten Rock mit dem Schwalbenschwanz. Draussen vor dem Schloss erklangen bedrohliche Stimmen; der Mob versammelte sich. Er trat hinaus auf den riesigen Balkon. Auf dem Hof verbrannten grimmig aussehende Männer die Insignien des Königreichs. Francesco wurde gepackt und in die Mitte des Hofes geschleift. Johlende Kinder zerschlugen auf einer Strecke von gut hundert Metern Bierflaschen. Prinz Francesco, wie man ihn jetzt hiess, wurde zu Boden geworfen und auf dem Hosenboden über die Splitterpiste geschleift. Obwohl er ein leichtes Jucken am Gesäss verspürte, wusste er doch, dass ihm nichts passieren würde; er hatte ja Lederhosen an. Nach dem entwürdigenden Schauspiel liess man ihn frei. Er begab sich zurück zum Schloss.

Und wieder erwachte er, zündete das Licht an, griff sich zur Kontrolle ans Gesäss. Völlig intakt. Es war zum Wahnsinnigwerden, ein Traum reihte sich nahtlos an den andern, und trotzdem konnte er auf das Geschehen keinen Einfluss nehmen. Gab es nicht Bücher, in denen das aktive Träumen propagiert wurde? Gab es nicht Tricks, wie man das Heft in die Hand bekommen konnte im Reich der Träume? Er musste es einfach versuchen. Er nahm sich vor, im Traum sein eigenes Bewusstsein und seinen eigenen Willen stärker einzuschalten.

Wieder erwachte er träumenderweise. Diesmal in einer Stadtwohnung, die offenbar gerade geräumt werden musste. Draussen verunsicherten marodierende Banden die Strasse. Salven von Maschinengewehren, Schreie und Gepolter waren zu hören. Was mache ich da?, dachte Francesco, ich muss mir endlich eine Rolle geben. Er merkte, dass er Fortschritte machte und übernahm als Polizist die Jagd auf die Banditen. Er stürmte die Treppe hinunter auf die Strasse, wünschte sich eine Kohorte Kollegen herbei und verfolgte die Gangster in einem alten Cadillac. Francesco sehnte sich nach einer Frau. Aber alle Frauen, denen er im Traum bisher begegnet war, entsprachen nicht seinen Vorstellungen.

Wieder und wieder träumte Francesco nach kleinen Wachphasen; immer sicherer wusste er von Mal zu Mal mit seiner Situation umzugehen; immer stärker übernahm er die Regie in diesem Stück mit mehreren Aufzügen, bis er sich zuletzt mit einem blossen Gedanken jeden Wunsch sogleich erfüllen konnte. Die ganze Nacht Polizist zu spielen, war langweilig. So entschloss er sich, die Seiten zu wechseln. Er befand sich gerade im Penthouse eines Hotels, in dem er als Pate das Geldspiel kontrollierte, als er plötzlich von einer fremden Gang bedroht wurde. Gleich wünschte er sich eine Pistole in die Hand und schoss die Rivalen über den Haufen. Vor der Tür lachte es. Ein Kleiderschrank von Mann stand vor ihm. Kein Problem! Er wünschte sich, dreimal so stark zu sein, und schleuderte den ungelenken Hünen fünf Meter weit durch die Luft. Jetzt hatte er Lust einzukaufen. Moment, hatte er noch Geld für den Einkauf? Er griff in die Jackettasche und zog, begleitet von einem blossen Wunsch, einige Tausenderscheine heraus, pfiff ein Taxi herbei, stieg ein, und siehe da – endlich: Neben ihm sass eine ganz entzückende junge Frau, die ihn verliebt ansah.

«Wollen wir in meine Wohnung gehen oder ins Grand Hotel Dolder am Zürichberg?», fragte der frisch gebackene Superman die attraktive Dame, die sich sogleich für den Aperitif im Hotel entschied. Francesco verwandelte das Taxi in eine Stretch-Limousine. Sie lehnten sich in den Rücksitzen des geräumigen Minisalons bequem zurück. Eine Laura Chavin Concours wäre jetzt das Richtige, dachte er, und gleich qualmte in seiner Hand seine Lieblingszigarre. Plötzlich bremste ihr Auto ab. Eine unüberwindlich scheinende Strassensperre lag vor ihnen. Francesco hatte das Träumen aber schon völlig im Griff und dachte das Auto einfach in die Luft. Elegant flogen sie über die Sperre hinweg. Bevor seine reizende Begleiterin und er im Grand Hotel Dolder ankamen, erwachte Francesco Nebel abermals.

Mist!, dachte er. Er blickte auf die Uhr. Fünf Uhr. Er hatte noch genau fünf Viertelstunden, um seine hübsche Partnerin um den Finger zu wickeln; ein ungalanter Übergriff kam für ihn nicht in Frage, auch im Traum nicht. Es braucht doch ein Minimum an Stil, auch wenn es dort keine Moral gibt.

Er schlief wieder ein, erwachte in einem Hotelzimmer und sah, wie die junge Frau sich auszog. Endlich!, dachte er und warf nonchalant seine Fliege auf den nächsten Sessel. Die beiden genossen sich in vollen Zügen. Danach zündete er sich eine Zigarre an, und Floriana, seine Geliebte, tat dasselbe. Er war sich nun vollkommen bewusst, dass er träumte, und wusste, dass er in wenigen Augenblicken wieder erwachen würde. Doch dieses Traumleben, das zu seinem täglichen Trott die vollkommene Gegenwelt darstellte, dieses Leben, das er sich nie würde leisten können, wenn er wieder erwachte – dieses Leben wollte er nicht aufgeben. Kurz: Er wollte gar nicht mehr erwachen. Floriana war entzückend; der Gedanke, sie gegen seine Frau austauschen und an eine Arbeit zurückkehren zu müssen, die ihn erniedrigte und krank machte, dieser Gedanke allein bedeutete einen unsäglichen Horror. Er hatte es beim Träumen weit gebracht, verfügte über die Allmacht der Gedanken und hatte eine wunderbare Frau gefunden; all dies wieder zu verlieren, womöglich in der nächsten Nacht bei null anfangen zu müssen … Nein! Und so beschloss Francesco

Nebel bei einer imaginären Cohiba Robusto, nie mehr aufzuwachen. Er konzentrierte seine ganze Willenskraft auf den Wunsch, seine Traumtätigkeit endlos zu verlängern. Er küsste Floriana auf den Mund und wusste, dass alles gut würde.

Es war sieben Uhr morgens, als Frau Nebel ihren Mann immer noch schlafend fand.

«Aufstehen, du Faulpelz, du kommst zu spät zur Arbeit!» Ihr Mann regte sich nicht. Sie stiess ihn an, aber er regte sich nicht. Mein Gott, war er tot? Nein, er atmete schwer und regelmässig. Vielleicht hatte er Schlafmittel genommen? Ein Selbstmordversuch? Sie schüttelte ihren Mann nochmals, dann rannte sie zum Telefon und wählte die Nummer des Notfalldienstes.

«Kommen Sie bitte sofort an die Blumenstrasse sieben, bei Nebel, eine Schlafmittelvergiftung, beeilen Sie sich!»

Nebel wurde mit Blaulicht ins Kantonsspital gefahren. Sein Magen wurde ausgepumpt. Aber die Ärzte fanden keinerlei Spuren von Schlafmitteln. Er erwachte auch in den nächsten Tagen nicht. Es wurde notwendig, ihn künstlich zu ernähren. Alle Ärzte waren sich einig, dass Nebel nicht im Koma lag, sondern einfach nur schlief, und zwar in einer konstant anhaltenden REM-Phase, wie die Fachleute den Traumzustand nennen, in dem sich die Augen hinter den Lidern schnell hin und her bewegen. Oft lächelte Nebel, so wie jemand eben lächelt, der einen schönen Traum hat.

Seine Frau war verzweifelt. Sie besuchte ihren Mann jeden Tag, aber sie ahnte nicht, dass er zur selben Zeit mit einer anderen Frau auf einer kleinen Insel in der Karibik eine wunderschöne Villa bewohnte, die neben hauseigenem Konzertsaal, Schwimmhalle, Golfplatz und Tennisplatz auch sonst alles umfasste, was ein Männer-, aber auch ein Frauenherz begehrte.

DER LETZTE

Die Ärzte waren ratlos, standen vor einem Rätsel. Man versuchte Nebel mit allen Mitteln zu wecken, setzte mittels Kopfhörer laute Musik ein, applizierte kleine Elektroschocks und engagierte schliesslich einen sibirischen Schamanen, der seine Hilfe angeboten hatte. Nichts half. Die REM-Phase brach nicht ab, was von den Neurologen schon bald als Weltrekord gewertet wurde. Die Besuche von Frau Nebel wurden seltener, bis sie nach vierzehn Monaten einen anderen Mann kennen lernte und sich von ihrem schlafenden Angetrauten scheiden liess.

Unterdessen hatte Francesco, der von alledem nichts wusste und nichts wissen wollte, eine prachtvolle Tabakplantage angelegt, eine eigene Zigarrenmarke kreiert, mit Floriana eine Weltreise unternommen und war mit dem Präsidenten der Vereinigten Staaten und anderen Prominenten bekannt gemacht worden. Wenn ihm langweilig war, bestieg er seine Jacht und ging auf Piratenjagd. Die Bösewichter wünschte er sich gleich dutzendweise vors Visier. Manchmal schlüpfte er auch in die Rolle von James Bond und rettete die Welt vor einer dunklen Verschwörung. Aber stets kehrte er zu seiner Floriana zurück, die er um keinen Tag altern liess, wie er auch für sich selbst einen michelangelesken Körper erdachte. Er weilte oft in Kuba, um Havannas einzukaufen und Fidel Castro zu besuchen, der ihm inzwischen ein unentbehrlicher Freund geworden war. Damit ihm das wilde Leben nicht ganz über den Kopf wuchs, traf er sich hin und wieder mit seinem neuen Freund Jean Dumont in einem Restaurant in Basel, um bei einem guten Glas Bordeaux über Philosophie zu diskutieren. Und er wunderte sich jedes Mal, dass er, der niemals in seinem vorherigen Leben etwas über Philosophie gelesen hatte, die Vorsokratiker zu verstehen begann und die Macht besass, sich einen Menschen auszudenken, der ihm mehr beibringen konnte, als er je zuvor gewusst hatte. War dies vielleicht die platonische Anamnesis, von der Jean immer wieder sprach?

Manchmal aber gerieten ihm die Geschehnisse ausser Kontrolle, und die Regie des Traums übernahm für kurze Augenblicke wieder das Zepter. Dann fand er sich plötzlich mit Lederhosen in einer Wanne und plantschte. Warum Lederhosen? Und warum eine Wanne? Das hatte er doch schon einmal geträumt.